모두 다 잘될 거라고 장담할 수는 없겠지만

모두 다 잘될 거라고 장담할 수는 없겠지만

피어오름
BOOKS

프롤로그

당신의 삶에도 따스한 봄날이 찾아오기를

 조금 진부하고 뻔한 안부 인사로 들릴지는 모르겠지만, 오늘 당신의 하루는 어땠습니까. 사람에게 치이고 치여 가슴에는 상처 자국만 가득히 남아 있고, 그나마의 희망과 자존감마저 바닥까지 추락하진 않았습니까.

 어릴 땐 누군가의 아들, 누군가의 딸의 역할만 하면 되었지만 시간이 지나갈수록 점점 누군가의 애인, 누군가의 친구, 누군가의 제자, 누군가의 스승, 더 나아가선 누군가의 아버지, 누군가의 어머니. 이렇게 가면 갈수록 늘어만 가는 배역들을 홀로 감당하기에는 너무 벅찬 삶을 살아가며 다리를 절뚝거리고 있진 않습니까. 아무리 열심히 달려가도 조금의 틈조차 없는 미래에 대한 불안감에 집어 삼켜져 여전히 헤어나오지 못하고 허우적대고 있는 건 아닙니까.

 아니면 당신이 그동안 해왔던 사랑은 어땠습니까. 처음엔 조금 달콤할지 몰라도 나중엔 상상할 수 없을 만큼 밀려오는 아픔으로 인해 더는 누군가를 사랑하는 일을 멀리하고 두려워할 지경까지 이른 건 아닙니까. 이젠 내게 진심으로 다가와주는 이들조차 의심하고 쉽게 믿을 수 없는 겁쟁이가 되어버린 건 아닙니까. 아니면 한때 사랑했지만 지금 내 곁에 없는 떠나간 이를 떠올리며 여전히 사무치는 그리움 속에서 빠져나오지 못하는, 그런 아픈 새벽을 홀로 보내고 있는 건 아닙니까.

또 당신의 삶은 어땠습니까. 남들과는 비교할 수 없을 만큼 힘들거나, 남들 못지않게 열심히 살아왔는데 때론 결과가 따라주질 않아서 수도 없이 좌절하고, 절망했던 나날들을 보내왔던 건 아닙니까. 이젠 숨이 너무 벅차서 내 목적지가 어디인지도 헷갈리고 무엇 때문에 내가 이렇게 치열하고 힘들게 달려가는지조차 기억이 나질 않아서 삶의 의미와 이유를 잃어버린 채 간신히 숨통만 유지하며, 살아 있는 시체처럼 그냥저냥 살아가고 있는 건 아닙니까.

조금 이기적이고 무책임한 말로 들릴진 모르겠으나 그런 당신의 삶에도, 사랑에도 분명 따스한 봄날이 찾아오길 바라겠습니다. 언젠가 그 따스한 봄의 향기가 당신의 고되고 지친 삶에 깊이 스며들어 행복이라는 거대한 선물을 안겨주었으면 좋겠습니다. 그러니 여기서 쉽게 무너지지 말았으면 합니다.

세상 그 누구보다 열심히, 치열히 살아왔던 사람아, 그동안 참 수고 많았습니다. 괜찮지 않음에도 애써 괜찮은 척을 하느라, 남들에게 설명하지 못할 수많은 밤을 홀로 외롭게 견뎌내느라, 자신에 대한 수많은 불신과 미래에 대한 불안감까지 끌어안고서도 삶을 쉽게 포기하거나 놓아버리지 않고 지금까지 정말 미친 듯이, 악착같이 버텨내느라, 당신은 열심히 살았다는 말 좀 많이 듣고 살아도 괜찮을 만큼 자격이 충분한 사람이라는 사실을 기억하세요.

오늘 하루 또한 이 정도면 정말 누구보다 잘 해낸 거고 꼭 남들과 비교하지 않더라도 충분히 의미 있는 시간을 보낸 겁니다. 때론 넘어지고 때론 무너지고 때론 잘못된 길에 빠져 헤어나오지 못하고 안절부절못할 때도 무수히 많았고, 앞으로도 그런 일들이 매번 닥쳐오겠지만, 생각보다 잘 풀리는 일은 적을지 모르겠지만, 당신은 뭐든 생각보다 잘 해낼 겁니다. 물론 지금도 잘 해내고 있고요.

그러니 걱정과 근심은 부디 내려놓고, 이 책과 이 글들이 당신의 가슴에 깊게 와닿아 잠시라도 안정과 위로를 선물해줬으면 좋겠습니다. 부디 모쪼록 아프지 마세요. 몸도, 마음도요.

그리고 이 책이 나오기까지, 미천한 제가 이 자리에 오기까지의 수많은 고난과 역경들을 함께 이겨내주고 든든한 버팀목이 되어준 이들에게 감사의 말을 전합니다.

어릴 적부터 못난 손주를 키우느라 고생이 참 많으셨던 우리 황연희 할머니. 못난 아들을 매번 따듯하게 챙겨주신 심재훈 아버지, 그리고 사랑하는 내 동생 심태오름. 나의 외롭고 고단한 삶에 유일한 친구이자 버팀목이 되어 줬던 민성이, 그리고 상준이. 그리고, 비록 지금은 세상을 떠났지만 언제나 내 가슴 한편에 영원히 머무르고 계신 우리 배용화 어머니. 세상 그 누구보다도 많이 사랑하는 내 사람들.

참, 고맙습니다.
부디 그들의 삶에도 행복과 안정만이 따르기를 바랍니다.

장예은 드림

차례

프롤로그 • 당신의 삶에도 따스한 봄날이 찾아오기를

1장 — 애써 괜찮으려 했던 날들

사랑을 잃었다는 것은 전부를 잃었다는 것 · 20
넌 나에게만 아주 바쁜 사람이었지 · 21
그리움의 대상이 많다는 것은 · 23
무너질 줄 알았는데 무너지고 말았다 · 24
괜찮다고 말한 이유 · 26
마지막 안부 · 28
이젠 남보다 못한 사이가 된 우리 · 29
가장 사랑했던 사람 · 31
서운함을 표현하든 안 하든 · 32
연애의 끝 · 33
후회는 늘 따라다니는 것 · 34
결국, 똑같은 결말 · 35
연애의 절반은 연락 · 36
외로움에 지지 말았으면 · 37
너도 꼭 너 같은 사람 만나 · 38
마음을 그만 주는 것 · 39
아픈 새벽을 보내는 당신에게 · 41
연락을 끊었다 · 42

짝사랑 · 43

이별, 성숙해지는 과정 · 44

익숙함에 취해 고마움에 무뎌질 때 · 45

연애할 때 비참해지는 순간들 · 46

사랑하는 사람을 외롭게 만들어선 안 된다 · 47

사랑을 잃었다는 것은 전부를 잃었다는 것 · 48

추억은 추억으로 남겨요 · 50

곁에 있을 때 잘해야 하는 이유 · 51

사랑을 그만둘 수 없는 이유 · 52

너무 기대하지 말 것 · 53

이별을 받아들여야 하는 순간 · 55

누군가를 진심으로 사랑한다는 것은 · 57

짝이 맞지 않는 퍼즐 · 58

사랑을 주고받을 용기 · 59

미안하단 말밖에 나오질 않아 · 61

그 사람의 마음이 식어가고 있다는 증거 · 63

어리석은 마음 · 64

껌 · 65

사랑 앞에선 계산하지 말아요 · 66

흘러가는 대로 살아 · 67

언제쯤 괜찮아지려나 · 68

서운함을 표현한다는 것은 · 69

어차피 안 될 인연에 너무 애쓰지 마라 · 70

안아줌이 필요한 날 · 71

불안 · 72

지운다는 것 · 73

그때 알았다면 좋았을 것들 · 74

말 · 75

함부로 진심을 내보이지 말 것 · 76

지난 일을 들추지 말 것 · 77

그런 날 · 78

나는 원래 그런 사람이야, 이 말의 진짜 의미 · 79

당신이라는 세상 · 81

모든 것은 착각이었음을 · 83

나만 놓으면 끊어질 관계 · 85

관계의 유효기간 · 86

마음 정리 · 87

내가 감당하지 못할 마음이라면 · 88

사랑이 전부였던 그때 그 시절 · 89

그게 사랑이었나, 싶을 때가 있다 · 91

노력해야 할 시기가 찾아왔다는 신호 · 93

아름다운 이별은 세상에 없다 · 94

연애할 때 거짓말을 하는 사람이 있다면 · 95

잊어보려 애쓴 적이 있다 · 96

사랑에 아파하고 상처받지 않기 위해 명심해야 할 것 · 97

2장 — 이제는 모두에게 좋은 사람이지 않아도 돼요

상처 · 100
가식적인 사람을 멀리할 것 · 101
괜찮다고 말하고 괜찮았던 적은 없었다 · 102
인간관계에서 상처받지 않기 위해 기억해야 할 8가지 · 104
'적당히'가 중요한 이유 · 106
관계에서 을이 되는 순간 · 107
차라리 나쁘게 살아 · 108
상대방의 본 모습을 확인하고 싶다면 · 109
사랑의 깊이가 비슷한 사람끼리 만나야 한다 · 110
이간질하는 사람에게 대처하는 방법 · 111
상처 없는 밤은 없다 · 112
인간관계도 계속 겪어봐야 알게 된다 · 113
진짜 내 편을 구별할 것 · 114
솔직함이라는 가장 무서운 무기 · 115
당신이 상처받는 이유 · 116
차라리 몰랐으면 좋았을 것들 · 117
있을 때 잘하라는 말 · 118
인간관계에서 항상 곁에 둬야 하는 사람 · 120

따끔한 조언을 해주는 사람을 놓치지 마라 · 121

가면 · 122

내 세상에선 내가 가장 아프고 힘든 법 · 123

관계에서 의심쟁이가 되어버린 당신에게 · 125

버릇 · 127

내 기준에서만 판단은 금물 · 129

살아가야만 하는 것 · 130

사과 · 132

잘 지낸다는 거짓말 · 133

허락 · 134

사랑하는 이유 · 135

힘든 연애를 해온 친구에게 전하는 말 · 137

걱정이 많아진 것이 걱정인 당신에게 · 138

미움받지 않으려고 애쓰지 마라 · 139

안아줌이 필요한 밤 · 140

누군가와 사랑을 할 때 알아야 하는 것들 · 141

당신이 존중받아야 마땅한 이유 · 142

자존감이 낮은 사람과의 연애 · 143

아쉬움 · 145

그때는 왜 몰랐을까 · 148

헤어짐에 예의를 갖춰야 하는 이유 · 149

왜 당신만 아파하는지 · 150

상처 주는 걸 허락하지 말아요 · 151

당신의 오늘은 안녕한지 ·154

예의 없는 진심 ·156

경고 ·157

바쁘다는 핑계 ·158

너무 사랑하기 때문에 서운함을 감출 수가 없다 ·159

거짓 사과 ·160

관계를 놓아버리고 싶은 순간들 ·161

연애할 때 집착하면 안 되는 이유 ·162

사랑의 무게 ·164

오랫동안 편안하고 좋은 관계를 유지하는 방법 ·166

인간관계가 부질없다고 느껴지는 순간들 ·167

누군가를 사랑한다면 하지 말아야 할 행동들 ·168

미안함이 아닌 고마움이 가득한 관계 ·169

믿으면 안 되는 사랑 ·171

이해는 하지만 서운하다는 말의 의미 ·172

사랑이란 것 ·173

사랑이 아니라 미련이었을 뿐 ·175

미련을 품으면 안 되는 이유 ·177

3장 — 이 책이 당신의 봄이 되기를

요즘 어때, 많이 힘들지 · 180
사소하지 않은 것들 · 181
이제 꽃길만 걷기로 해요 · 182
충분히 아파할 것 · 183
괜찮아, 잘하고 있어 · 185
사랑받기 위한 삶 · 186
참 애쓰며 살아온 당신에게 · 187
네 잘못이 아니야 · 188
있는 그대로, 참 예쁜 사람 · 189
속마음을 표현한다는 것은 · 190
내가 좋아하는 사람 · 192
표현은 많이 서툴러도 항상 사랑하는 마음뿐 · 193
진짜 사랑을 해본 사람만 알고 있는 것들 · 194
무뚝뚝한 사람 · 195
오늘은 좀 어땠어요 · 196
너도 그런 사람 만나야지 · 197
고마움을 표현한다는 것은 · 198
너에게 전하는 안부 · 199

아침 · 201

평범해도 아름답다 · 202

나와 맞는 사람 · 204

말까지 예쁘게 하는 사람 · 206

식지 않는 것에 더욱 집중하세요 · 207

함께 · 208

나를 온전히 사랑해주는 사람 · 209

나만 물음표가 아닌 연락이 최고다 · 210

이런 남자를 만나야지 · 211

이런 연애를 하고 싶다 · 212

편안한 사람 · 213

나를 위해 살아갈 것 · 214

그런 사람이 되고 싶다 · 216

쉬운 사랑은 없다 · 217

사소한 일에도 서운함을 많이 느낀다는 것은 · 218

만약 당신을 사랑하는 이유를 묻는다면 · 219

사랑받으려 애쓰지 마라 · 220

말을 함부로 하면 안 되는 이유 · 221

너만 모르는 것들 · 222

괜찮지 않아도 괜찮아 · 223

상처받지 않아도 되는 이유 · 224

오늘보다 아름다울 것 · 225

이런 사람을 만나야 인생이 행복하다 · 227

오늘은 좀 어땠어요 · 228
쉽게 무너지지 마라, 금방 무뎌질 것이니 · 229
제자리걸음 · 230
괜찮아, 다 잘될 거야 · 231
인생은 마라톤 · 232
설렘이 식었다고 마음까지 식은 것은 아니다 · 233
사랑을 할 때 가장 중요한 것들 · 235
열심히 달려가다 지쳐버린 당신에게 · 236
좋아한다는 것과 사랑한다는 것의 차이 · 237
행복해지기 위해 다짐해야 할 것들 · 238
사랑을 할 땐 계산하지 마라 · 239
누군가를 잊어간다는 것은 · 241
누구나 한 번쯤 그런 적이 있다 · 242
항상 소중히 아껴주세요 · 243
언젠가 꽃은 피는 것이기에 · 244

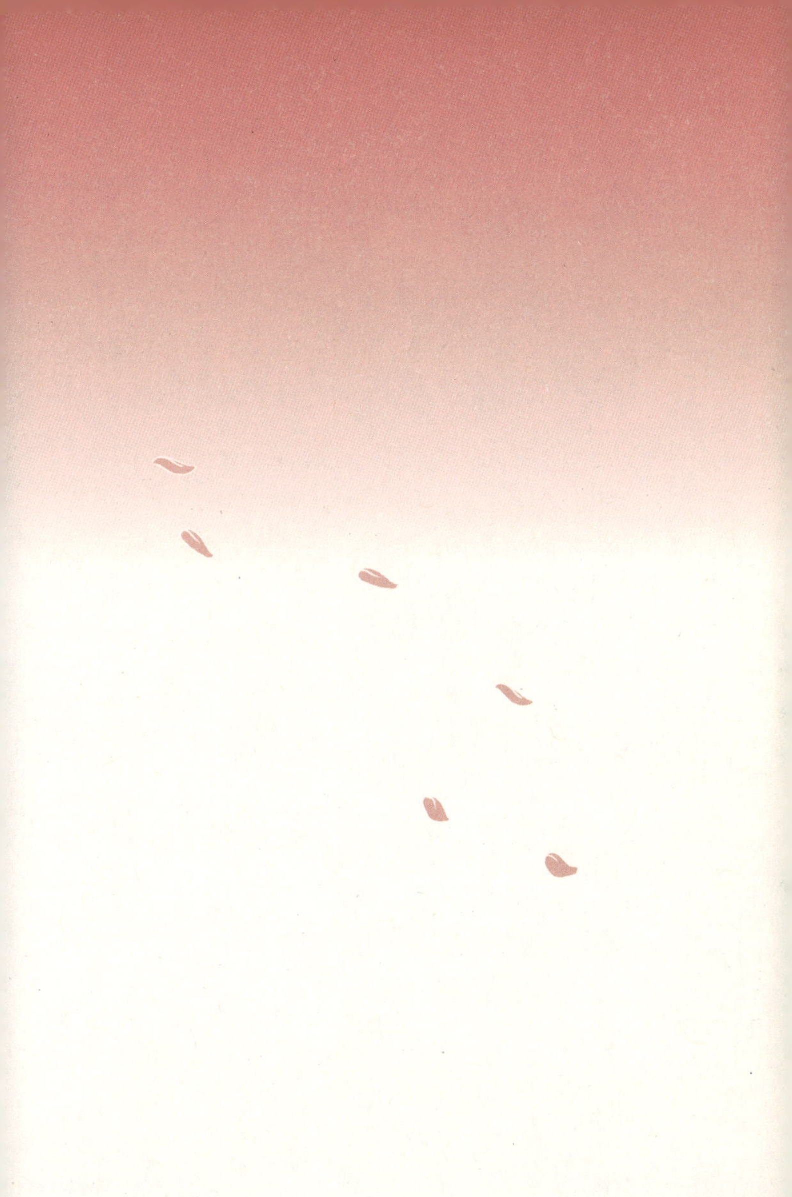

I

애써 괜찮으려 했던 날들

사랑을 잃었다는 것은 전부를 잃었다는 것

 당신을 잃었습니다. 우리가 사랑했던 일상을 잃었습니다. 우리는 이별 따위 하지 않을 것이라며, 남들과는 다른 연애를 할 것이라며, 서로를 안심시켜줬던 따듯한 말과 약속이 와르르 무너졌습니다.

 당신이 내 사랑의 종점일 줄 알았는데, 그저 스쳐가는 정류장이라는 사실에 가슴이 너무나 아픕니다. 아직 서로의 마음속에 살아 있다고 생각했던 사랑은 이미 다 죽어버렸기에. 한때나마 너무나도 사랑했던 사람이었기에. 내 모든 것을 아낌없이 내어줘도 늘 아깝지가 않았던 사랑이었기에. 그래서 상처투성이인 가슴 아파하느라 너무 바쁩니다.

넌 나에게만 아주 바쁜 사람이었지

 당신의 일거수일투족을 모두 감시하고 싶었던 것이 아니었습니다. 그저 당신이 바쁜 일상 속에서도 조금은 나를 생각하고, 걱정해줬으면 하는 마음뿐이었습니다. 그러한 마음의 증거가 바로 연락일 테니까요.

 허나 당신은 나에게만 아주 바쁜 사람이었고, 당신을 향했던 내 마음과 관심을 마냥 귀찮게 여겼습니다. 처음에는 혼자 있는 시간보단 나와 함께하는 시간이 행복하다며 웃었던 당신이 이젠 혼자만의 시간이 필요하다며, 나와 함께할 땐 답답한 마음을 애써 감추지 않았습니다.

 그렇게 먼저 헤어짐을 통보한 것은 당신이었죠. 처절하게 울고 매달리고 붙잡았던 나였지만, 이미 떠나간 사람 마음을 붙잡기엔 턱없이 부족했습니다.

그런데, 참 웃기고 이상한 일이 일어났습니다. 요즘 당신이 내 안부를 궁금해한다는 소식을 들은 거예요. 늦은 새벽만 되면 당신에게 전화가 걸려오는 날도 많았습니다. 처음에는 많이 기뻐했어요.

'네가 이제야 내 소중함을 느꼈구나. 너도 사실은 나를 그리워하고 있었구나.'

그렇지만 나는 전화를 받지 않았습니다. 당신에게 돌아간다면 분명 똑같은 이유로 상처받고 헤어질 것을 알았으니까. 우리는 더 이상 미치도록 사랑했던 그 시절로 돌아갈 수 없으니까.

새벽에 오고 가는 연락은 미련이라고 하더군요. 그냥 갑작스러운 외로움이 몰려와서 당신이 잠시 이성을 잃고 나에게 연락한 것일 테니. 한 번 줬던 마음을 다시 주기에는 내 마음의 잔고가 텅텅 비어 있기에. 나의 상처받은 가슴이 여전히 아파하고 있었기에.

그리움의 대상이 많다는 것은

밤마다 그리워할 대상이 많다는 것은 참 아픈 일인지도 모릅니다. 그리워하는 대상이 많다는 것은 그만큼 떠나보낸 사람이 많다는 뜻이니까.

그리움이란 녀석은 매일 밤 후회 또는 미련이라는 이름으로 찾아와 내 새벽을 송두리째 들쑤셔놓고 사라지기도 해요. 마음이 아프고 쓰라리기도 하고, 가끔은 모두 그만두고 싶을 때도 있지만, 추억은 내일을 살아가게 해주는 힘이기에. 새벽은 나도 몰랐던 내 아픔을 들추고 깨닫게 해주는 시간이기에. 어차피 모두 스치고 거쳐가는 과정이란 것을 알기에. 그리움이 섞인 새벽이 다가올 때면 마냥 불안해하진 않으려고 합니다.

무뎌질 줄 알았는데 무너지고 말았다

사랑을 많이 주고받았어야 했는데 상처만 가득 주고받으며 살아왔습니다. 어떠한 관계에선 내가 먼저 상처 주고 차갑게 돌아섰고, 어떠한 관계에선 나를 이용하려는 사람들의 계략에 빠져 마음이 온통 만신창이가 되기도 하였습니다.

처음에는 그다지 마음에 두거나 걱정을 하지 않았던 것 같아요. 우리에겐 시간이라는 만병통치약이 존재하니까. 분명 사람한테, 사랑한테 받은 모든 상처를 잊고, 새로운 삶을 시작하게 도와줄 것이니까. 근데 도대체 이게 무슨 일인지 싶었습니다.

상처는 받으면 받을수록 무뎌지고 더욱 단단한 사람이 되어갈 줄 알았는데, 결국 그게 아니더군요. 우리는 무너졌습니다. 세상 누구보다 비참하게 무너져 내렸습니다. 가슴에 남겨진 상처의 아픔은 사라져도, 여전히 흉터의 쓰라림은 남아 있었기에. 상처라는 건 계속 받는다고 익숙해질 수 있는 것이 아니었기에. 애초부터 시간이란 녀석은 만병통치약이 아니었기에.

무뎌질 줄 알았는데 무너지고 말았습니다. 이제 슬픔과 아픔들은 모두 끝난 줄만 알았는데 계속해서 다가오고 있었어요. 또 다른 상처로 다가오는 인연들이, 오늘을 버티면 찾아올 힘든 나날들이, 꿋꿋이 견뎌낼 수 있을 것만 같았던 모든 날들에 결국 무너지고 말았습니다.

괜찮다고 말한 이유

괜찮다고 말했던 이유는 크게 두 가지였습니다. 정말 괜찮아지고 싶어서, 그리고 괜찮아야만 하니까. 우리는 언제나 괜찮아야만 했습니다. 무너지는 모습을 보여주면 상대방이 나를 떠나갈까 봐. 괜찮다고 자꾸 되새기면 내가 조금 더 단단한 사람이 될까 봐.

언젠가부터 내 삶은 나를 위한 것이 아닌, 나의 안위를 걱정하는 사람들에게 안부를 전하기 위한 삶으로 변했고, 나 자신보다 타인을 먼저 챙기고 안아주는 습관이 생겨버리게 되었습니다.

그러나 사람에게 받은 상처는 쉽게 아물지 못했고, 매일 반복되는 힘겨운 일상에 매번 주저앉기만 했습니다. 아무리 발버둥 쳐도 무너지고 말았고, 하염없이 울어도 슬픔은 줄어들지 않았습니다.

 자고 일어나면 모든 것들이 괜찮아졌으면 좋겠습니다. 새벽마다 나를 찾아오는 수많은 걱정과 고민들도, 인간관계에 치이고 치여 상처받은 마음도, 정말 잘 해내고 있는 건지 끊임없이 드는 이 불안감도, 힘들다는 말 한 마디를 쉽게 못 뱉었던 일상들이, 모든 것들이 자고 일어나면 괜찮아졌으면 하는 마음뿐이에요.

마지막 안부

참 미련하게도 사랑했었고 참 모질게도 원망했습니다. 그때는 뭐가 그리 좋다고 서로 얼굴만 봐도 웃음이 저절로 나왔는지. 그때는 뭐가 그리 밉다고 상처 주는 말만 툭툭 내뱉었는지. 한때 사랑했던 우리의 사이가 이젠 아무것도 아니라는 사실에 후회와 아쉬움만이 몰려오곤 해요.

그래도 길에서 마주치면 아는 척도 하지 말라고 악담하고 싶진 않습니다. 그렇다고 나보다 좋은 사람 만나라는, 마음에도 없는 말을 하고 싶지도 않습니다. 그저 내가 당신을 생각하는 것만큼, 당신도 조금이나마 내 걱정을 해줬으면 하는 마음뿐이에요.

그러니까 우리, 서로를 그만 그리워하고, 조금 덜 아파하고, 앞으로는 예전보다 더 많이 행복해지기로 약속해요. 분명 더 좋은 사랑이 우릴 찾아올 것이므로.

이젠 남보다 못한 사이가 된 우리

관계가 식어가고 있음을 눈치채지 못했습니다. 그저 처음보다 편안해진 연애를 하는 중이라고, 서로를 대하는 태도가 편해진 것이라고 생각했습니다. 그런데 당신은 갑작스러운 이별을 통보했고 예고 없이 찾아온 이별에 나는 준비 없이 아파해야만 했습니다.

우리가 헤어진 지 얼마 되지도 않았을 때, 당신도 내가 아파하는 만큼 아파하고 후회하고 있을 거라 생각하며 스스로를 위로하곤 했어요. 그런데 참 이상하게도 주변인을 통해 당신의 안부가 들려오더라고요. 이미 다른 사람을 또 만나 잘 지내고 있다는 소식을 말이에요.

아아, 당신도 아파하고 후회할 거라는 생각은 아마 내 착각이었나 봐요. 당신은 아마 이별을 통보하기 전부터 이미 마음 정리를 끝냈던가 봅니다. 여전히 우리 추억을 되새기고 아파하는 걸로 보아선, 나는 아직도 당신을 사랑하고 있는 것 같은데 말이죠.

그래서 이별이라는 녀석이 더 미워집니다. 사랑은 둘이서 해나가는 것이지만 이별은 어느 한쪽만 통보하고 사라지면 그걸로 그 관계는 끝나버리는 거니까. 처음에 남남이었던 두 사람이 만나 '우리'가 되었지만, 결국에는 헤어짐을 통해 남보다 못한 사이가 되어버렸습니다.

당신과 나.

가장 사랑했던 사람

가끔 이런 난처한 질문을 받고는 합니다.

"가장 사랑했던 사람은 누구였나요?"

가장 사랑했던 사람이라니. 아니, 그러면 누군가는 더 사랑하고 누군가는 덜 사랑했다는 것일까요. 마음에도 마치 가계부가 있어서, 너에게는 조금만, 너는 특별하니까 조금 많이, 너는 정말 마음에 드니까 아주 많이, 이렇게 마음을 나눠주는 게 가능하단 말인가요. 과연 그런 것이, 우리가 바라던 진짜 사랑이 맞을까요.

그러다 문득 이런 생각이 들었습니다. 오로지 내 마음을 전부 내어주는 것. 그것이 온전한 사랑이 아닐까. 지금껏 지나왔던 한 사람 한 사람은 그때의 나에게는 가장 사랑하는 사람이 아니었을까, 하는 생각.

서운함을 표현하든 안 하든

서운함을 말하기엔 망설여지는 관계가 있습니다. 혹여나 상대방이 나를 속 좁은 사람으로 생각할까 봐, 사소한 걸로 서운해하는 나에게 지친 상대방이 결국 헤어짐을 고할까 봐 혼자만 상대방의 눈치를 보고 애써 감정을 숨겼던 날들도 참 많았습니다. 그런데 이제 와서 돌이켜보니 혼자서만 끙끙대며 아파하는 일은 결국 부질없는 짓이더라고요.

저도 참 바보였는지, 이제야 알게 되더군요. 애초에 나를 정말 사랑했다면 이렇게 서운하게 만들지도 않았다는 것을. 어차피 서운함을 표현하든 안 하든, 내게 마음이 남아 있지 않은 사람은 결국 떠나간다는 것을.

연애의 끝

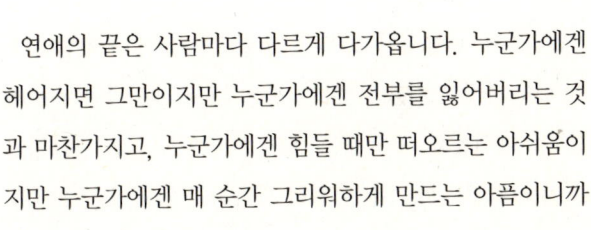

　연애의 끝은 사람마다 다르게 다가옵니다. 누군가에겐 헤어지면 그만이지만 누군가에겐 전부를 잃어버리는 것과 마찬가지고, 누군가에겐 힘들 때만 떠오르는 아쉬움이지만 누군가에겐 매 순간 그리워하게 만드는 아픔이니까요.

　하지만 결국 헤어짐이란 것은 그렇더라고요. 죽을 만큼 사랑하면 헤어질 땐 미련 없이 떠날 수 있을 줄 알았는데, 오히려 매달리고 붙잡게 되는 것. 누군가를 사랑했던 시간만큼 몇 배로 더 아파하는 것.

후회는 늘 따라다니는 것

　일말의 아쉬움이나 후회 없이 끝나는 연애는 없습니다. 얼마나 사랑했고 미워했는지를 떠나서 헤어지는 순간에는 늘 아쉬움과 후회가 몰려오기 마련이니까. 상대방을 많이 사랑했던 사람은 여전히 사랑하고 있기에 지우지 못할 미련이 남고, 사랑받기만 했던 사람은 더 잘해주지 못했음에 죄책감을 느끼며 후회하곤 하니까.

　굳이 지나간 사랑을 붙잡고서 애써 되돌리려 할 필요도 없습니다. 이미 사랑했던 그때로 돌아갈 수 없다는 것을 알고 헤어짐을 택한 것일 테니까. 그 사람이라는 정류장은 그만 지나가도록 해요. 다음 정류장에 있는 사람에게 더욱 잘해주고 사랑하면 돼요. 그렇게 우리 다시 사랑을 시작하도록 해요.

결국, 똑같은 결말

이것 봐요. 영원히 치열할 줄 알았던 우리 사랑도 결국에는 남들과 똑같잖아요. 고작 그 정도의 오해와 서운함이 쌓여 우리 관계가 무너지잖아요. 날 떠나가지 않고 평생 아껴주겠다던 당신은 사라지고 날 대하는 태도가 처음과는 너무 달라졌잖아요.

당신은 내가 모를 줄 알았겠지만, 사실 다 알고 있었어요. 사랑한다는 말 뒤엔 헤어짐을 준비하고 있었다는 것을. 이별을 전할 때 당신은 이미 마음 정리가 끝났다는 것을. 결국 당신이 해준 예쁜 말과 사랑의 속삭임은 모두 거짓말이었단 것을. 그때 날 사랑했다는 말 또한 그저 듣기 좋은 말일 뿐, 나를 정말 생각하고 아껴주는 마음 따위 없었다는 사실을 말이에요.

연애의 절반은 연락

 연락은 연애의 절반과 같습니다. 서로의 바쁜 일상 속에서 상대방을 사랑하고 있다는 마음을 가장 확실하게 전달할 수 있는 마음의 신호니까.

 나에게 안부 하나 물어볼 시간조차 없다는 사람은 상대방을 생각하는 마음이 없는 사람인 것이니 그런 사람과의 관계는 미련 없이 놓아주었으면 좋겠습니다. 더 좋은 사람에게 사랑받을 자격이 충분한 당신이기에 전하는 말이에요.

외로움에 지지 말았으면

 요즘 참 많이 외롭다는 생각이 들진 않나요? 연애라도 하면 내 편이 생길까, 생각하게 되는 순간들이 참 많을지도 모르겠어요. 허나, 당신이 결국 외로움을 이겨내지 못하고 괜히 마음에도 없는 사람을 품진 않았으면 좋겠어요. 결국 그렇게 채워낸 자리는 언젠가 더욱 큰 공허함으로 다가오기 마련이니까. 어차피 시간이 흘러가다 보면 정말 나와 진심을 공유하며 서로 사랑할 수 있는 사람을 만나게 될 테니까.

 너무 조바심을 내며 이 사람 저 사람을 함부로 품진 말았으면 좋겠습니다. 좋은 사람 곁에는 분명 좋은 사람들이 모이는 법이에요. 당신은 지금도 충분히 좋은 사람이니까. 더욱 아름다운 인연들이 다가올 거예요. 알았죠.

너도 꼭 너 같은 사람 만나

　당신도 꼭 당신 같은 사람 만나세요. 그러면 제 마음을 조금이라도 이해할 수 있겠죠. 항상 연락을 소홀히 하면서 상대방한테 불안감만 안겨주는, 딱 당신 같은 사람을 만났으면 좋겠어요.
　아픈 상처는 무뎌지기 마련이라지만 한두 번이 아니기에 무뎌질 만큼 상처가 마냥 가볍지는 않습니다. 그러니까 잘 지내라는 거짓말보단 당신이 진심으로 아파하며, 본인과의 연애에서 내가 얼마나 아프고 힘들었는지 느껴봤으면 좋겠어요. 연애에 있어서 비참함이란 게 어떤 느낌인지.

마음을 그만 주는 것

나를 마음에 두지 않는 사람에게서 그만 아파하세요. 어차피 이어지지 못할 관계라면, 계속 질질 끌지 말았으면 좋겠습니다. 원래 내가 좋아하는 사람은 날 좋아하지 않고 날 좋아해주는 사람은 내가 좋지 않은 것이 아리송한 사람 마음이니까.

애당초 당신을 좋아하지 않는 사람에게 매달려서 상처받을 만큼 당신의 가치는 낮지 않다는 말을 전해주고 싶습니다. 어느 한쪽이 일방적으로 치우치는 관계는 없어야 해요. 사람 마음은 시소와 같아서, 마음이 더 무거운 쪽은 상대방을 올려보게 되고, 아쉬울 게 없는 쪽은 상대방을 가볍게 내려다보기 마련이니까.

고작 그만한 인연으로 아파하는 일이 없었으면 좋겠습

니다. 마음을 주는 것도 중요하지만, 마음 주는 일을 그만 두는 것이 더 중요하니까요. 이 모든 것은 당신이 그 관계에서 얼마나 남몰래 아파했을지 알기에 전하는 말이에요.

아픈 새벽을 보내는 당신에게

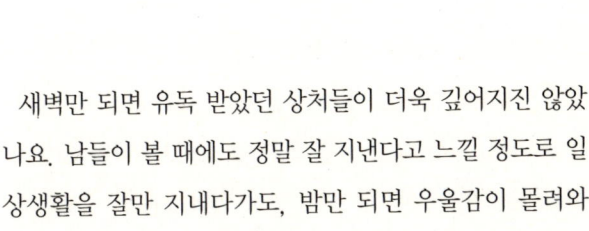

 새벽만 되면 유독 받았던 상처들이 더욱 깊어지진 않았나요. 남들이 볼 때에도 정말 잘 지낸다고 느낄 정도로 일상생활을 잘만 지내다가도, 밤만 되면 우울감이 몰려와 옛 상처가 이제 막 괜찮아진 가슴을 다시 아프게 들쑤셔 놓고 가는 요즘은 아닌가요.

 당신을 향한 걱정스러운 안부와 위로를 전하고 싶은 새벽이에요. 항상 마음속 깊이 새겨두고 살아갔으면 좋겠습니다. 일상 속에 많이 지쳐 있는 와중에도, 상처 속에 많이 아파하는 모습마저 충분히 아름답고 더 아름다운 당신이라는 사실을. 있는 그대로 살아가도 여전히 멋있는 존재라는 사실을.

연락을 끊었다

 그 사람과의 연락을 먼저 끊었어요. 나만 그를 좋아하는 것 같아서. 나만 그를 신경 쓰는 것 같아서. 나만 항상 아쉬워하는 관계인 것 같아서. 그냥 먼저 연락을 끊었어요. 내가 그 사람에게 보인 호감이 언젠가는 상처로 돌아올 것을 알게 되었거든요. 필히 먼저 호감을 보인 사람이 더욱 아쉽고 아파하는 법이니까.

 아직도 아쉬움과 미련들이 조금 남았지만 날 좋아하고 아껴주는 사람을 찾아보려고 해요. 한쪽으로 치우친 일방적인 관계는, 분명 한 사람은 상처받고 무너질 것이 분명하니까.

짝사랑

짝사랑이라는 게 그렇죠, 뭐. 그 사람이 뱉은 작은 말 한 마디에도 쉽게 상처를 받고 아파하는 것. 그래서 순간적으로 그 사람이 싫어지는 것. 하지만 또 좋아하고 있는 자신을 발견하는 것. 짝사랑에 관련된 노래는 다 내 이야기처럼 느껴지는 것. 잊었다고 생각해도 얼굴만 보면 가슴이 두근거리는 것. 상대방을 좋아하는 것도, 기다리는 것도 혼자서 해내는 것. 그렇게 살아가다 애써 눈물을 꾹 참아내며 혼자 이별을 준비하는 것.

이별, 성숙해지는 과정

 이별은 하면 할수록 성숙해지는 과정이라 믿고 싶을 뿐입니다. 연인 관계든 친구 관계든 한때 사랑했던 사람을, 한때 소중했던 사람을 한순간에 잃는다는 것은, 씻을 수 없는 아픔의 상처로 남기도 하니까.

 조금씩 단단한 사람이 되어가는 과정이라 믿었지만, 시간이 지나면 지날수록 툭 던진 말에 쉽게 상처받는 마음이 여리고 약한 사람이 되어가는 경우가 많더라고요. 그래서 요즘 많이 아픈가 봐요. 하도 많은 상처가 쌓이다 보니 누구한테 받은 상처인지조차 구별할 수가 없으니. 그저 아프고 거칠었던 이 순간들이 점점 성숙해지는 과정이라고 믿고 버텨내고 싶을 뿐.

익숙함에 취해 고마움에 무뎌질 때

 본인도 모르게 그럴 때가 있습니다. 상대방의 배려를 당연하다고 느낄 때. 상대방의 사랑과 배려에 익숙해진 나머지 더 이상 고마워하지 않을 때.

 한결같이 잘해주는 그 사람의 모습을 당연한 것이라고 생각하고, 상대방이 어쩌다 한 번 소홀해지면 무작정 화를 내는 경우도 참 많습니다. 어쩌면 상대방이 베푼 사랑을 당연하게 받아들일 수 있었다는 것은, 내가 그 사람에게 너무 많은 사랑과 배려를 받았다는 확실한 증거일지도 몰라요.

 익숙함에 취해 곁에 있는 소중한 사람을 놓치지 말아요. 두 번 다신 내 인생에 찾아오지 않을 단 하나뿐인 소중한 인연일 테니까.

연애할 때 비참해지는 순간들

 자기 입장만 내세우며 내 입장은 배려해주지 않을 때. 내가 아닌 다른 사람의 편만 들고 나만 나쁜 사람으로 몰아갈 때. 내가 곁에 없어도 아무렇지 않은 그 사람의 모습을 봤을 때. 상대방에게 서운했던 점을 말하니 오히려 헤어지잔 말이 돌아왔을 때. 나를 향한 다정했던 말과 눈빛이 차갑게 식었다는 것을 느꼈을 때. 내가 힘들고 필요할 땐 곁에 없으면서 정작 자기가 필요할 때만 불쑥 나타날 때. 사랑하는 마음이 느껴지지 않는데 가식적인 애정 표현을 할 때. 이제 그 사람이 사랑하는 사람은 내가 아니라는 사실을 깨달았을 때.

사랑하는 사람을 외롭게 만들어선 안 된다

 사랑하는 사람을 외롭게 만들어서는 안 됩니다. 내가 연애에 있어서 소홀해진 만큼, 상대방의 마음에는 점점 빈틈이 생겨나고 자칫하면 그 자리를 다른 이성에게 빼앗길 수도 있으니까.

 왜 자꾸 소홀함과 익숙함으로 예쁜 연애를 망가뜨리는 건가요. 서로에게 한결같이 잘해주고 아낌없이 사랑을 나누어도 한참 모자란 시간들인데.

 사랑할 수 있을 때 최선을 다해 사랑하는 편이 좋습니다. 결국 후회와 미련은 못 해준 사람의 몫이니까. 나중에 놓치고 나서 후회하지 말고, 부디 당신 곁의 그 사람을 있는 힘껏 사랑하고 아껴줬으면.

사랑을 잃었다는 것은 전부를 잃었다는 것

 그만큼 아파했으면 되었습니다. 그럼 된 거예요. 힘든 하루 끝을 보상 받지 못한 아까운 사람아. 오늘 하루도 애써 얼굴을 감춰내느라 고생이 참 많았습니다. 보고 싶지 않은 사람들과 관계를 맺어가고, 듣고 싶지 않은 말들과 험담을 들어가며 무너지지 않아서 정말 다행이고 참 잘했습니다.

 '언제쯤 이런 아픔과 상처의 나날들이 사라질까.'

 막연한 생각으로 하루를 보내진 않았는지 걱정이 되는 밤이에요. 원래 아픈 상처가 다 나아갈수록 마지막에 찾아오는 통증이 가장 쓰라린 법이에요. 그만큼 목적지가 멀지 않았다는 말입니다. 허나 그렇다고 해서, 그동안 참고 아파하는 중인 당신에게 조금만 더 버티라는 무책임한 응원은 하고 싶지 않아요.

 다만 조금, 쉬어가도 괜찮다는 말이에요. 조금 쉬어간다고 무조건 뒤처지는 것은 아니니까. 그저 순서가 조금 바뀔 뿐이니까. 그렇게 생각하며 적당한 휴식을 취하고, 다시 힘차게 나아갔으면 좋겠습니다. 분명 노력한 만큼 결실의 꽃을 피우게 될 당신이니까. 이렇게 수많은 아픔을 끌어안고도 계속 나아가려 발버둥 치는 당신은 세상 누구보다 대단한 사람이니까.

추억은 추억으로 남겨요

 만약 누군가와 헤어짐을 겪고 나서 자꾸 수많은 옛 추억들에 잠자리를 뒤척이더라도 너무 걱정하지 말았으면 좋겠습니다. 밤만 되면 떠오르는 기억들이 많다는 것은, 그만큼 후회 없이 사랑했고 또 상대방의 사소한 말 하나까지 존중했다는 의미일 테니.

 사랑하는 사람과의 옛 추억이 떠오른다는 것은 축복입니다. 후회 없이 마음을 퍼주고 사랑하였기 때문에, 추억으로 머릿속에 새겨지는 것이니까.

 너무 지나간 일을 잊으려고 애쓰지 마십시오. 추억을 너무 미워하지 말고 그냥 그대로 두세요. 새로운 사랑이 찾아올 때쯤 알아서 지워지고, 사랑이 떠나가고 외로워질 때쯤 다시 당신을 찾아와 웃음꽃이 피게 만들어줄 녀석이니까요.

곁에 있을 때 잘해야 하는 이유

나이를 먹어갈수록 점점 지키고 싶은 것들이 많아지게 돼요. 그것은 소중한 사람들과 오랫동안 유지해온 관계일 수도 있고, 사랑하는 사람 또는 가족들과 함께 보내온 시간들일 수도 있습니다.

허나 세상에는 부정할 수 없는 슬픈 사실이 하나 존재합니다. 아무리 소중하고 애틋한 관계라고 할지라도 언젠가는 그 끝이 분명 찾아오게 된다는 사실 말이에요. 관계의 유효기간은 함께했던 시간과 비례하진 않으니까.

그러니 내가 소중히 여기는 것들이 지금 내 곁에 머무를 때, 부디 최선을 다해 사랑하고 아껴줬으면 좋겠습니다. 그렇게라도 해야 조금은 덜 후회하고 덜 아파할 수 있을 테니까요.

사랑을 그만둘 수 없는 이유

 사랑이란 녀석은 가끔 보면 사람을 바보로 만드는 것 같아요. 확신이 있는 관계가 아니라면 함부로 내어주면 안 되는 걸 알면서도 결국 또다시 내 진심을 전부 보여주고 모든 것을 바치게 되어버리니까. 끝내 마지막엔 세상 전부를 잃은 것처럼 아파할 거면서 말이에요.

 사랑의 초반은 언제나 달콤하고 사랑의 중반은 점점 가슴이 쓰라리고 사랑의 후반은 항상 내 새벽을 뒤집어놓고 아프게 들쑤셔놓고 달아나게 되는 것. 어차피 그렇게 될 걸 알면서도, 미치도록 아파하고 후회할 걸 알면서도, 또다시 빠져들 수밖에 없는 것.

 사랑은 결국 그러한 녀석이니까요.

너무 기대하지 말 것

 만약 지금 곁에 있는 사람이 당신의 장점은 많이 알고 있지만 당신의 단점을 아직 보지 못한 사람이라면, 그 사람이 내 전부를 사랑해줄 것을 너무 기대하지 말아요.

 그 사람이 나의 모든 부분을 받아들이고 사랑해줄 수 있을 거란 환상을 그만 버려요. 당신도 나와 맞지 않는 사람과 힘든 연애를 해봤으니까 알잖아요. 아무리 내가 사랑하는 사람이라고 할지라도 내가 싫어하는 부분 몇 가지는 있다는 것을. 사랑하는 사람의 단점까지 사랑해주는 것은 생각보다 매우 어렵다는 것을.

 만약 그런 사람을 만났다면 내 모든 걸 걸어서라도 놓치지 말아요. 언젠가 그 사람을 붙잡아야 하는 순간에서 괜한 자존심을 세우지 말아요. 당신도 알고 있잖아요. 그런 사람은 흔치 않다는 거. 당신을 온전히 받아들이고 사랑해준 그 사람, 두 번 다신 당신의 인생에서 나타나지 않을 만큼 귀중한 인연이라는 거 말이에요.

이별을 받아들여야 하는 순간

 때론 이별을 받아들여야 하는 순간들이 있습니다. 서로 헤어지기 싫더라도 어쩔 수 없이 작별을 고해야 하는 그런 아픈 순간들이 있습니다. 두 사람이 함께할 수 없는 상황이 닥칠 수도 있고, 두 사람이 함께하는 일이 오히려 독이 되는 상황이 찾아올 수도 있습니다.
 허나 이별의 순간에서 그 사실을 온전히 받아들일 수 있는 사람은 별로 없을 거예요. 내가 그만큼 공을 들여 쌓아온 관계가 무너진단 사실은 누구나 부정하고 싶을 테니까요.
 만약 당신이 지금 사랑하는 이와 작별해야 하는 순간에 있다면, 오히려 붙잡으면 독이 되는 상황이라면 눈을 딱 감고 떠나라고 외쳤으면 좋겠습니다. 사랑하는 사람의 멀어지는 뒷모습을 보는 것처럼 가슴 아픈 일은 없을 테니까.

차라리 그렇게 생각하도록 해요. 이별은 잠시뿐이라고. 서로에 대한 추억은 영원히 함께할 것이라고. 비록 스쳐지나가는 사랑이라 했을지라도 평생 잊을 수 없을 추억일 것이라고 말이죠.

누군가를 진심으로 사랑한다는 것은

 내 일상의 대부분을 그 사람과 함께 보내고 싶어 하는 것. 맛없는 건 내가 삼키고 맛있는 건 그 사람에게 양보하는 것. 다툼이 생겼을 때 먼저 자존심을 굽히고 화해의 손길을 건네는 것. 그 사람이 이성 문제로 불안해한다면 망설임 없이 모두 끊어줄 수 있는 것. 간이고 쓸개고 모두 내줘서 그 사람이 행복을 느끼게 해주고 싶은 것.

 진짜 사랑을 해본 사람들은 알잖아요. 저런 것들은 모두 내가 상대방을 정말 사랑하고 있다면 나도 모르게 나오게 되는 행동이라는 것을. 누군가를 진심으로 사랑한다면 상대방과 나의 마음을 일일이 재며 계산할 시간에 어떻게 하면 이 사람에게 내 모든 것을 바치며 사랑을 고백할 수 있을까, 이런 생각들로 머릿속이 가득 차게 된다는 것을.

짝이 맞지 않는 퍼즐

 서로 짝이 맞지 않는 퍼즐을 억지로 맞추려고 하면 결국 조각들이 모두 구겨지게 되잖아요. 어쩌면 사랑이란 것도 그런 것이 아닐까 싶어요. 나와 맞지 않는 사람에게 억지로 맞춰주다 보면 결국 내 마음이, 두 사람의 관계가 헝클어지고 구겨지게 되니까요.

 아무리 맞춰 나가려 노력한다고 해도 모든 것이 항상 열정적인 사랑으로 변하진 않아요. 겉은 맛있어 보이지만 속은 썩어 문드러진 사과처럼 말이에요.

사랑을 주고받을 용기

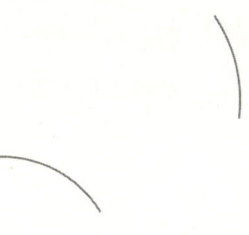

 내가 예전에 흘러가듯 내뱉었던 그 말, 혹시 아직도 기억하고 있나요. 당신은 나한테 과분한 사람이라고, 나는 당신을 받아들일 만큼 그릇이 큰 사람이 아니라고. 있는 힘껏 당신을 밀어내며 제가 소리쳤던 그 문장들 말이에요.
 사실 내가 당신을 받아들일 만큼 큰 그릇이 아니라는 말은 그런 뜻이 아니라 그냥 마음의 여유가 부족하단 말이었어요. 그때 내 마음속에 누군가를 품기에는 마음이 너무 휘청거렸거든요.
 사랑이라는 게 그런 거잖아요. 결국 두 사람이 함께 길을 만들어가는 거잖아요. 그러기 위해선 누군가를 가슴으로 품어주고 안아줄 수 있는 마음의 여유가 있어야 하는 거잖아요. 근데 나는 그러질 못했어요. 아직 다른 사람에게 사랑을 줄 용기가, 사랑받을 용기가 부족했거든요.

미안해요. 겁쟁이 같은 나를 사랑하게 만들어서.

미안하단 말밖에 나오질 않아

 사람 마음이라는 게 참 웃긴 것 같아요. 그 사람이 곁에 있을 땐 그렇게도 함께하는 시간이 지겹고 얼른 벗어나고 싶은 마음뿐이었는데, 이젠 잔소리해줄 사람 하나 없으니까 마냥 서운해지는 거 있죠. 꼭 헤어지고 나서야 사랑인 걸 알겠더라고요.

 밥 먹을 때 제발 쩝쩝 거리면서 먹지 말라고 잔소리하던 그의 모습이 문득 고마워지고, 젓가락질이 왜 이렇게 서투냐고 짜증 내며 직접 맛있는 걸 집어서 내 입에 넣어주던 그 모습이 떠올라서 미칠 것만 같습니다.

 예전엔 헤어지고 나서야 그 사람의 잔소리, 그 사람의 모든 것이 사랑이라고 느꼈는데, 사실 처음부터 사랑이었던 것을 그저 내가 모르고 함부로 대했던 것뿐이더라고요. 그래서 정말 미안해요. 결국 나를 사랑했던 당신을 상처 주고 떠나가게 만들어서. 돌이킬 수 없다는 사실을 이제야 깨닫게 되어버려서.

그 사람의 마음이 식어가고 있다는 증거

내가 힘들고 지쳐 고민을 털어놓을 때 귀찮게 여기며 대충 넘어가려고 할 때. 서로 간의 애칭이 사라지고 아무런 감정 없이 이름만 불러댈 때. 내가 아프거나 무슨 일이 생겨도 자기 일에만 신경 쓰는 그 사람을 봤을 때. 상대방이 해주는 크고 작은 선물에 더는 감동이 느껴지지 않을 때. 피곤하단 말만 반복하며 빨리 헤어지고 싶어할 때. 둘 중 한 사람만 편안한 연애를 하고 있다고 느낄 때. 연락하면서 그 사람이 더는 내 하루를 궁금해하지 않을 때. 함께할 때 그 사람의 눈빛이 더 이상 나를 바라보지 않을 때.

어리석은 마음

매번 똑같은 실수를 반복하면서 매번 똑같은 마음으로 대해주길 바라는 것처럼 이기적이고 어리석은 짓은 세상에 없습니다.

껌

여러 사람 헷갈리게 만들지 말고 그냥 싫으면 싫다고 속 시원히 말해주세요. 당신 연락을 기다리며 애태우는 사람을 갖고 놀며 상처 주지 말고요. 당신과 썸을 타는 것은 좋지만 당신의 껌이 되는 건 절대 사양이에요.

사랑 앞에선 계산하지 말아요

 그 사람은 어째서 나만큼 사랑하지 못할까, 서운해하지 말아요. 사람과 사람 사이에서 주고받는 마음을 일일이 계산하지 말아요. 원래 사랑이라는 건 그런 거잖아요. 내가 그 사람한테 사랑받는 걸 기대하는 것이 아니라 내가 기꺼이 먼저 마음을 내어주고 더 줄 수 없음에 아쉬워하게 되는 거잖아요. 그 사람이 나에게 마음을 얼마만큼 썼느냐를 보는 게 아니라 나한테 마음이 있었느냐 없었느냐를 중요하게 생각하는 거잖아요.

 이 사실 하나만 기억하세요. 상대방이 나에게 마음을 줬다는 것은, 마음의 크기를 떠나서 내가 그 사람에게 사랑받을 가치가 있는 소중한 사람이기 때문이라는 것을.

흘러가는 대로 살아

 어떻게 항상 괜찮기만 하겠어요. 괜찮으면 괜찮은 대로 힘들면 힘든 대로, 그렇게 흘러가는 대로 사는 거죠. 아마 모두가 다 똑같을 거예요. 겉으로는 괜찮은 척, 안 힘든 척, 아무렇지 않은 척하지만 속마음은 사실 누구보다 답답하고 지쳐 있는 경우가 많으니까. 남들한테 나의 힘든 모습과 부족한 부분을 보여주는 건 생각보다 쉬운 일이 아니니까. 언제나 좋은 모습만 보여주고 싶은 것이 사람 마음이니까.

 우리, 세상을 너무 원망하지 말고 그냥 흘러가는 대로 살아가도록 해요. 인생을 살아가는 데 있어서 항상 좋은 순간만 누릴 수는 없잖아요. 항상 나쁜 순간만 있는 것도 아닌 것처럼.

언제쯤 괜찮아지려나

 요즘 아픈 새벽을 보내고 있진 않나요? 여전히 떠올리고 싶지 않은 과거가 떠오르고 알 수 없는 우울감과 자괴감이 몰려오진 않는지. 그럼에도 억지로 아등바등 살아내는 중인 건 아닌지. 겉으로는 강한 척할지 몰라도 속마음은 많이 망가지진 않았을지 걱정이 되는 새벽입니다.
 야속한 세상이 참 밉기도 하고 나약한 스스로가 참 싫어지기도 하죠. 도대체 당신이 뭘 그렇게 잘못했길래 이렇게까지 아파해야 하는 걸까요. 얼마나 아파해야 쉽게 무너지지 않을 만큼 단단한 사람이 되려나. 언제쯤 당신의 새벽이 편안해지려나.

서운함을 표현한다는 것은

 서운함이란 감정을 표현하는 것은 어떻게 보면 연인 관계에서 득이 될 부분이 없습니다. 사실 서운함이라는 감정은 서로 다름을 인정하지 않아서 느끼게 되는 이기적인 마음이니까. 괜히 상대방을 고치려고 애쓰지 말고, 그저 사랑할 수 있음에 감사하며 상대방을 만났으면 좋겠습니다. 사람은 고쳐 쓰는 게 아니니까. 나와 너는 온전히 다른 사람이라는 것을 인정하는 것부터가 사랑이니까.

 나를 완벽하게 만들어주는 사람은 필요하지 않아요. 나를 완벽하게 받아들이는 사람이 필요할 뿐이죠.

1장 • 애써 괜찮으려 했던 날들

어차피 안 될 인연에 너무 애쓰지 마라

어차피 안 될 인연에 너무 애쓰지 마세요. 내가 아무리 노력해도 전혀 나아지지 않는 관계라면, 차라리 미련을 버리고 그만 놓아주는 편이 낫습니다. 원래 사람 인연이라는 것은 내 마음대로 되는 일도 아니고, 마냥 내 바람대로 흘러갈 수 있는 것도 아니니까. 결국 끝까지 남을 사람은 무슨 일이 있어도 곁에 남고, 어차피 떠나갈 사람은 아무리 붙잡아도 떠나가기 마련이니까. 애초부터 내 짝이 아니었던 사람에게 매달리며 상처받지 마세요.

안아줌이 필요한 날

세상에 쉬운 일은 없다지만 왜 나에게는 항상 어렵게만 느껴질까요. 누군가 내 마음을 좀 알아줬으면 좋겠고, "괜찮아?" 이 말 한 마디에 눈물이 왈칵 터질 것만 같은 요즘이에요.

불안

 혹시라도 날 버리지 않을까, 지금 당장이라도 무너지진 않을까, 나를 불안하게 만드는 사람과의 관계를 안간힘을 다해 지키려고 했던 적이 있습니다. 상대방을 불안하게 만든다는 것은 그만큼 그 사람의 마음을 이해할 생각이 없다는 뜻이고, 내가 어떤 감정을 느끼든, 얼마나 상처받든 자신은 작은 관심조차 없다는 뜻입니다.

 당신은 열심히 노력하고 애쓰는데 오히려 당신을 불안하게 만드는 관계라면 애초부터 괜한 미련을 가지지 말고 힘차게 걷어차는 편이 좋습니다. 그런 관계에 힘을 쓸 시간에 서운함보다 애틋함이 느껴지고 불안함보다 따뜻함이 느껴지는 관계를 키워나갔으면 좋겠어요. 나와 그런 관계를 맺은 사람이라면 절대 사소한 일로도 불안감에 떨게 만들지 않을 테니까.

지운다는 것

 어쩌면 당신을 지운다는 것은 내 삶을, 나의 모든 것을 지운다는 것. 우리가 함께했던 시간들을 그저 모르는 체하고 쓰레기통에 넣는 것. 내 전부를 바쳤던 그 사람이 떠나감으로써 내 전부를 잃게 되어버리는 것. 결국 남들과 똑같은 사랑과 이별을 거치는 과정이라고 합리화하며 홀로 아픈 새벽들을 억지로 버텨내는 것. 그러다 문득 들려오는 당신의 소식에 또 한 번 가슴이 무너지고 펑펑 눈물을 흘리게 되는 것. 이렇게 아파할 만큼 우리가 애틋한 사랑을 했다는 사실에 조금은 흐뭇한 미소를 지을 수 있게 되는 것.

그때 알았다면 좋았을 것들

 사탕발림만 속삭이는 사람 말고 가끔 쓴소리도 해줄 줄 아는 사람을 곁에 둬야 한다는 것. 나를 싫어하는 사람들의 마음을 아무리 돌리려고 해봤자 부질없다는 것. 그 사람은 어차피 내게 작은 관심조차 품지 않았다는 것. 사랑은 혼자 하는 것이 아니라 함께 해나가는 것이라는 것. 나 혼자만 노력하고 애쓴다고 해서 관계가 나아지진 않는다는 것. 상대방에게 매달리면 매달릴수록 매력은 점점 떨어지기 마련이라는 것. 그때 그 선택이 그때의 나에겐 최선의 선택이었을 거라는 것. 타인과 나 자신을 아무리 비교해도 결국 비참해지는 것은 나 혼자뿐이라는 것.

말

 말이라는 게 참 그렇죠. 내뱉는 건 쉽지만 주워 담을 수는 없는 것. 굉장히 사소한 말이 누군가의 마음을 흔들어 놓을 수 있는 것. 말 한 마디로 관계가 애틋해지고, 말 한 마디로 영원히 모르는 사람처럼 지낼 수도 있으니까.
 대부분의 사람들은 왜 모를까요. 해야 할 말은 하고 살아야 만만하게 보이지 않겠지만 내가 하고 싶은 말을 모두 내뱉으면 결국 내 주변에 남는 사람은 없다는 것을. 될 수 있으면 최대한 말을 아끼며 필요한 상황에서만 내뱉었으면 좋겠습니다. 누군가와의 관계에 있어서 책임질 자신이 없다면 더욱.

함부로 진심을 내보이지 말 것

어떠한 사이라도 함부로 진심을 내보이면 안 돼요. 솔직한 마음이 상대방에게 전달되기보단 오히려 이용당하기 쉬운 세상이니까. 나만 가깝다고 생각하는 사람보단 내 진심을 받아주고 비밀을 지켜줄 수 있는 진짜 내 사람에게만 진심을 보여줬으면 좋겠습니다. 그런 사람은 당신에 대한 소문을 함부로 퍼뜨리지 않을 것이고, 당신 스스로가 존중받기 마땅한 사람이란 생각이 들 정도로 소중히 아껴줄 테니.

지난 일을 들추지 말 것

만약 사랑하는 사람과 오해가 생겨 다투게 되었다면, 오늘 일어난 다툼의 원인과 해결에 대해서만 이야기를 나누어야 해요. 괜히 지난날의 잘못까지 들춰내며 상처 주는 말과 행동을 보인다면, 서로에겐 더 큰 실망과 상처만을 안겨주게 될 테니까.

그리고 다툼을 끝낼 때엔 먼저 미안하다는 말로 사과하고, 사랑한다는 말을 덧붙여서 상대방을 향한 진심을 표현했으면. 그래야 지금보다 더욱 애틋하고 견고해진 사랑으로 발전할 수 있을 테니까. 그렇게 상대방을 미워하기보단 사랑하고 아껴줄 수 있는 연애를 하였으면.

그런 날

누구나 한 번쯤 그런 날이 있잖아요. 소중한 사람에게 걱정 섞인 질문을 들어도 기분이 영 좋지 않은 날. 어떠한 예쁜 말을 귓가에 속삭여도 영 자존감이 올라가지 않는 날. 누구한테도 상처받고 싶지 않았는데, 나 자신한테 상처받은 날. 평소에 그러려니 들었던 말들에 너무 민감하고 예민해지는 날. 나를 너무 잘 아는 사람의 뻔하고 꼰대 같은 충고보단 나를 잘 알지 못하는 누군가의 한 마디에 마음이 한결 따듯해지고 왈칵 눈물이 터져 나오는 날.

나는 원래 그런 사람이야, 이 말의 진짜 의미

 이런 부분은 조금 고쳐줬으면 좋겠다는 마음을 상대방에게 전했을 때, 나는 원래 이런 사람이야, 이런 말을 핑계 삼아 고치지 않는 사람들이 종종 있습니다. 그 말의 속뜻은 나는 원래 이런 사람이니까 굳이 나를 바꾸고 싶은 마음도 없을뿐더러, 애써 너에게 맞춰주며 관계를 지키려고 노력하고 싶은 마음이 없다는 뜻입니다.

 상대방에게 맞춰주려고 노력하는 것은 그만큼 관계를 지켜내고 싶어 하고 관계를 소중히 여기고 있다는 증거인데, 서로 맞춰나갈 마음이 없다는 것은 그 사람에게 당신과의 관계는 별로 소중하지 않다는 뜻이에요. 애초에 나와의 관계를 소중히 여기지 않는 사람을 곁에 두고 미련하게 상처받지 말았으면 해요. 당신을 먼저 생각하고 배려해주는 사람을 만나 행복해하기만 해도 부족한 시간들이니까.

당신이라는 세상

　내 삶은 온통 당신뿐이었어요. 정확히 말하자면 당신을 포함한 문장뿐이었죠. 당신이 들어가지 않은 구절은 어디에도 없었고 당신과 함께하지 않은 순간은 찾아볼 수 없었어요. 그렇지만 이젠 내 삶에서 당신을 지워나가야만 했습니다. 한때 치열했던 우리의 사랑은 이미 막을 내렸기에. 한때 소중했던 우리 사이는 이젠 남보다 못하기에. 당신을 써내려가던 내 일상과 삶이 무너지자 자연스럽게 내 마음도 무너짐과 망가짐을 반복하곤 하였습니다.

　가끔 생각하면 감당하지 못할 슬픔과 후회가 몰려오곤 합니다. 어째서 당신이란 봄을 고작 겨울에게 속아서 떠나보냈을까요. 어째서 모르고 살아왔던 걸까요. 당신이 있었기에 내 하루가 빛났다는 것을. 내가 원래 빛나는 사람이어서가 아니라 당신이라는 빛이 내 일상에 스며들었기에 따스한 햇빛을 맞이할 수 있었다는 것을. 내 세상은 온통 당신뿐인 줄 알았는데 알고 보니 당신이 온전한 내 세상이었다는 것을.

모든 것은 착각이었음을

 이미 끝나버린 관계를 사랑이라 착각했습니다. 아니, 오해해버렸습니다. 어쩌면 믿고 싶었던 걸지도 모르겠습니다. 나만 놓으면 끊어질 관계라면, 만약 내가 놓지만 않는다면 우리는 영원할 것이라고. 그렇게 상대방을 붙잡아두고 계속 사랑을 속삭였고, 점점 망가져가는 우리 관계는 굉장히 위태로워졌습니다.
 미련 없이 놓아줘야 한다는 말은 귓가에 들어오지 않았고, 나중에 후회하지 않으려면 지금 잡아야 한다는 생각만이 머릿속을 맴돌았습니다. 그런데 결국 그게 아니라는 것을 알게 된 순간, 그 사람이 날 떠나가던 그 순간, 내가 이제껏 사랑하는 방식이 틀렸다는 것을 알게 된 순간, 나의 세상은 무너졌습니다.

그리고 가슴을 치며 후회의 눈물을 흘렸습니다. 당신을 잃어버리지 않으려다 나 자신까지 잃어버렸다는 걸 뒤늦게 알았으니까. 이미 관계는 막을 내린 지 오래였고 나만 혼자 공연을 하고 있었으니까. 그래서 더욱 슬프고 또 아팠던 것 같습니다. 지금도 그동안 붙잡았던 시간만큼 후회하고 아파하는 중입니다. 마치 첫사랑이 떠나갔을 때처럼.

나만 놓으면 끊어질 관계

나만 놓으면 끊어질 관계라면 미련하게 붙잡으며 애써 유지하려고 하지 마세요. 어차피 예전의 다정했던 그 사이로 돌아갈 수 없으니까. 이미 나에게서 마음이 차가워진 사람을 붙잡기보단, 아직 차가워지지 않은 사람 마음을 지키려고 노력했으면 좋겠습니다. 그렇게 소중한 관계들을 지켜나가며 소중한 대우만 받으며 살아가는 당신이 되었으면.

관계의 유효기간

 관계에는 유효기간이 있습니다. 그것이 친구 관계든, 연인 관계든 말이에요. 그때는 왜 몰랐을까요. 상대방의 말과 약속에도 유효기간이 있고, 상대방의 마음에도 유효기간이 있다는 사실을. 영원한 관계는 세상에 존재하지 않는다는 것을 말이에요.

 그렇다고 해서 당신이 헤어짐을 너무 두려워하진 말았으면 좋겠습니다. 어떻게 보면 당연한 것이니까. 만남이 있었기에 이별이 존재하는 것이니까. 이별에 덤덤해지되, 마음마저 차가운 사람이 되진 않았으면 좋겠습니다.

마음 정리

헤어짐이란 게 참 많이 아프더라고요. 사람을 잊는 게 참 많이 힘들더라고요. 우린 평생을 함께할 사이라며 우린 결혼까지 할 사이라며 서로 새끼손가락까지 걸며 했던 약속들을 정리하는 중입니다. 나는 아직인데 당신은 이미 마음 정리가 끝났더라고요. 나는 아직 낯설기만 한데 상대방은 벌써 정리가 다 끝난 모습을 봤을 때, 그때가 참 서럽고 슬픈 것 같아요. 정말.

내가 감당하지 못할 마음이라면

주지 못할 사랑이라면 애초부터 받지 않는 편이 좋습니다. 상대방이 주는 대로 덥석 다 받아놓고 나중에는 "네가 주고 싶어서 준 거잖아. 난 달라고 한 적 없어." 이런 식으로 자신은 잘못이 없다는 듯이 말하고 도망가는 것은 그동안 상대방이 내게 베푼 진심에 대한 예의가 아니니까요.

내가 감당할 수 없는 진심이라면 애초에 받아들이지 않는 편이 좋고, 내가 받지 못할 사랑이라면 혼자 내어주고 기대하지 말아야 해요. 사람 사이에서 가장 중요한 것은 단순히 마음을 주고받는 것이 아니라 내가 할 수 있는 선에서만 베풀고 감당할 수 있는 선에서만 진심을 수용하는 자세니까요.

사랑이 전부였던 그때 그 시절

 한때 사랑이 전부였던 시절이 있었습니다. 그 사람이 아닌 다른 사람을 사랑하는 건 상상조차 할 수 없었고, 그 사람이 아니라면 더는 하루하루를 살아갈 수 없을 것만 같던 시절이 있었습니다. 내 모든 것을 쉽게 내어주어도 전혀 아깝지가 않았고 오히려 더 주지 못함에 아쉬움을 느끼곤 했습니다.

 평생 영원히 함께할 것만 같던 그 사람의 떠나가는 뒷모습을 보고 깨달았어요. 아, 사랑이란 이렇게 참 허무한 것이로구나. 내가 아무리 영원하고 싶다고 한들 영원할 수 없고, 내가 아무리 끌어안는다고 한들 상대방의 식었던 마음이 다시 달아오르진 않는구나.

 그리고 그 사람이 떠나가고 나서 나는 전부를 잃어버린

것만 같았습니다. 어째서 사랑만 끝나면 세상을 잃은 것만 같던지. 그런 현실에 너무 어이가 없어 헛웃음을 치던 내게 누군가 한마디를 툭 던졌습니다. 사랑이 끝났을 때 세상이 끝난 것처럼 아파하는 이유는, 그 사람을 사랑할 때 내 전부를 모두 바쳤기에 그 사람이 떠났을 때 내 전부를 잃게 되는 것이라고.

그 말은 내 가슴을 관통했고, 그날, 나는 여느 때와 마찬가지로 세상을 잃은 것처럼 미친 듯이 울고, 또 울었습니다.

그게 사랑이었나, 싶을 때가 있다

 가끔 그게 사랑이었나, 싶을 때가 있어요. 평소 내 곁에 머물 때는 소중한지 잘 몰랐던 그 사람이 날 떠나가게 되는 순간이 찾아왔을 때, 지금껏 단 한 번도 흘리지 않은 눈물이 왈칵 터져 나오며 가슴을 치고 후회한 적이 있어요. 함께할 땐 어떤 감정인지조차 헷갈리고 애매했던 사람이 막상 떠나가고 나서야 내게 가장 소중했던 사람이자 반드시 지켜내야 했을 사랑이었다는 사실을 깨달았고, 매 순간 후회와 자책만이 뒤섞인 새벽을 보내곤 했습니다.

 오랜 시간이 지난 뒤에야 사랑이었단 확신이 드는 관계들을 수차례 겪어내며, 마침내 깨달았죠. 정말 소중한 것들은 내 곁에서 사라지고 나서야 그 가치를 알게 된다는 것을. 그와 마찬가지로 사랑 또한 다 끝나고 난 뒤에야 내가 절대 놓치지 말아야 했을 사랑인지, 그저 스쳐지나가도 상관없을 만큼 가벼운 사랑이었는지 확신이 들게 된다는 것을.

노력해야 할 시기가 찾아왔다는 신호

연애에서 설렘이 점점 줄어들고 상대방과 함께하는 시간이 익숙해지고 있다면 이제 서로가 노력해야 하는 시간이 찾아왔다는 중요한 신호예요. 영원한 사랑은 있어도 영원한 설렘은 없으니까. 결국 서로가 노력하지 않는다면 점점 익숙해지고 질리게 돼서 다른 곳을 바라보게 되고, 다른 사람이 눈에 들어오게 되는 법이니까요.

항상 명심했으면 좋겠어요. 익숙함에 속는 순간에도 사랑을 지키려고 노력해야 한다는 것을. 고작 설렘이란 감정이 사라졌다 해서 우리의 사랑이 부질없게 되어버리는 건 아니라는 것을.

아름다운 이별은 세상에 없다

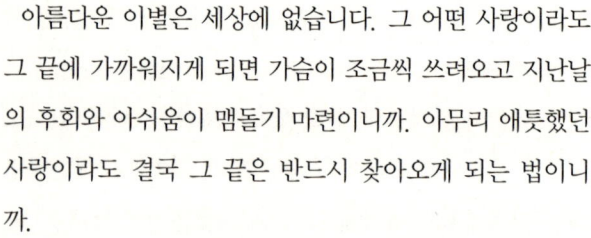

 아름다운 이별은 세상에 없습니다. 그 어떤 사랑이라도 그 끝에 가까워지게 되면 가슴이 조금씩 쓰려오고 지난날의 후회와 아쉬움이 맴돌기 마련이니까. 아무리 애틋했던 사랑이라도 결국 그 끝은 반드시 찾아오게 되는 법이니까.

 내가 얼마나 정을 쏟아붓고 노력을 기울였는지에 상관없이 모든 관계엔 분명 그 끝은 언젠가 다가오는 법이에요. 만약 지금의 사랑도 언젠가 끝나지 않을까라는 생각에 불안한 마음을 품고 있다면 단 한 가지만 명심하면 됩니다.

 나중에 후회가 남지 않도록 지금 최선을 다해 그 사람을 사랑할 것. 이것 하나면 됩니다.

연애할 때 거짓말을 하는 사람이 있다면

연애할 때 잦은 거짓말로 서로 간에 신뢰를 무너뜨리는 사람이 있다면 그런 사람과의 관계는 되도록 질질 끌지 말고 최대한 빨리 끊어내야 해요. 그런 사람들은 이해하고 넘어가게 되면 내가 이래도 용서해주는구나, 이런 안일한 생각으로 인해 전보다 더욱 잦아진 거짓말로 나를 상처 입히고 불안하게 만들기 마련이니까요.

사랑하니까 모든 것을 감수하겠단 말은 참 어리석은 짓이에요. 아무리 사랑해도 더 이상 감당할 수 없다면 그 관계는 반드시 끊어내야 합니다. 그러지 못할 경우 비참한 결말을 맞이하게 되는 것은 당신이 될 테니까요.

잊어보려 애쓴 적이 있다

어떻게든 당신을 잊어보려고 애쓴 적이 있습니다. 당신과 함께 가서 골랐던 우리의 커플링을 쓰레기통에 던지고, 당신의 예쁜 얼굴로 해놓았던 카톡 배경 사진을 지우려고 했던 적이 있습니다. 애써 당신의 사진조차 보지 않으려고, 당신의 전화번호조차 기억하지 않으려고, 마치 당신이란 사람은 애초부터 없었다는 듯이, 우리는 만나지 않았고 사랑하지 않았다는 듯이 살아가려고 애를 쓴 적이 있습니다. 그저 모두 당신을 잊기 위해서였어요. 어쩌면 당신을 사랑했던 나를 잊기 위해서였을지도 모르겠습니다.

사랑에 아파하고 상처받지 않기 위해 명심해야 할 것

 확신이 드는 관계가 아니라면 쉽게 믿거나 의지하지 말 것. 어차피 받지 못할 사랑이라면 괜한 기대를 품지 말 것. 연애할 때 내 전부를 바치면서까지 그 사람에게 매달리지 말 것. 상대방의 연락이 늦어지는 이유는 단순히 바쁜 것이 아니라 내게 마음이 없기 때문이란 사실을 항상 명심할 것. 그런 의도로 한 건 아닐 거야, 이런 말로 스스로를 합리화하며 더욱 비참해지지 말 것. 한때 내 전부였던 사랑이 끝났다고 해서 그걸로 인생이 끝난 것은 아니라는 것을 매 순간 명심할 것. 나를 사랑한다는 말을 전부 믿지 말고 쉽게 받아들이지 말 것. 고작 사랑 하나를 지켜내기 위해 스스로를 버리고 망가뜨리기엔 내가 너무 소중한 존재라는 사실을 늘 가슴 속에 깊이 새겨둘 것.

II

이제는

모두에게 좋은 사람이지 않아도 돼요

상처

상처라는 것이 원래 주는 사람은 잘 몰라요. 결국에는 모두 받는 사람 몫이니까.

가식적인 사람을 멀리할 것

 요즘 가식적인 사람들이 사랑이란 거짓말로 포장하며 다가와 예쁜 말로 당신을 이해해주는 척, 아껴주는 척 당신의 아픈 마음을 들쑤시진 않았나요.
 항상 기억하셨으면 좋겠습니다. 당신은 당신도 모르는 누군가에게 사랑받고 있는 사람이라는 사실을. 그렇게나 소중하고 아름다운 당신이 그런 사람들 사이에서 그만 아파했으면.

괜찮다고 말하고 괜찮았던 적은 없었다

괜찮다고 말하고 괜찮았던 적은 없었죠. 다들 힘들어하는 시기에 그런 말을 꺼내면 괜히 짐만 될까 봐. 혹은 소중한 사람들을 걱정시키고 싶지 않은 마음에 꾹꾹 눌러 담았던 말.

"나 정말 괜찮아. 걱정하지 마."

그렇게 상처만 받고 아파했던 당신을 어찌 미워할 수 있을까요.

우리, 이제는 약속해요. 나 스스로를 우선순위로 두는 사람이 되기로. 내가 마음의 여유가 있어야지 남에게도 퍼줄 수 있는 법이니까.

그리고 제발 눈치 좀 챘으면 좋겠습니다. 당신은 상처

받을 자격이 없는 사람이란 것을. 사랑받을 자격만 넘쳐 나는 사람이란 것을.

인간관계에서 상처받지 않기 위해
기억해야 할 8가지

첫째, 초반에 잘해준다고 해서 쉽게 마음을 열어주거나 다 보여주지 말 것.

둘째, 언제나 한결같은 마음으로 날 아껴주는 사람들만 곁에 둘 것.

셋째, 내가 그 행동이 싫다고 했음에도 계속하는 사람은 망설임 없이 끊어낼 것.

넷째, 나만 놓으면 끊어질 관계라면 더 비참해지기 전에 빨리 놓아줄 것.

다섯째, 내가 아무리 노력해도 사람은 고쳐 쓸 수 없단 사실을 항상 기억할 것.

여섯째, 상대방에게 잘해줄 땐 돌려받고 싶단 기대를 버리고 순수한 마음으로 베풀 것.

일곱째, 매번 불안정한 관계 속에서 상처받기엔 내가 너무 소중한 사람이란 사실을 항상 명심할 것.
 여덟째, 항상 남을 위해 사는 것보단 나를 위해 사는 게 정답이란 사실을 절대 잊지 말 것.

'적당히'가 중요한 이유

무엇이든 적당히 하는 것이 좋습니다. 특히 관계는 더더욱 그렇죠. 온도가 너무 뜨거우면 가까운 사이일수록 크게 데일 수 있고, 온도가 너무 차가워지면 애틋했던 관계라도 순식간에 멀어질 수 있으니까요.

누군가가 내게 베풀거나 내가 누군가에게 베푸는 호의도 그렇습니다. 상대방이 베푼 호의가 적당하면 그만큼 고마움과 호감이 생겨나는 것이고, 도를 지나치게 되면 오히려 역효과를 낼 수도 있어요.

그래서 어떻게 보면, 더워 죽을 것만 같은 여름이 아닌, 추워 죽을 것만 같은 겨울도 아닌, 따스한 봄 같은 온도가 가장 알맞은 것 같아요. 나와 그 사람 사이의 어색함을 녹여주고 시린 부분은 서로 보듬어줄 수가 있으니까.

관계에서 을이 되는 순간

 관계에서 을이 되는 순간들이 있습니다. 바로 누군가에게 미움받는 것이 두려워질 때예요. 상대방에게 예쁨받고 싶은 마음에 더욱 잘해주고 간이고 쓸개고 퍼주게 되지만 미움받고 싶지 않아서 말과 행동들 모두 상대방의 눈치만 살피느라 바쁠 때가 많으니까요.

 그런데, 있잖아요. 모든 사람에게 이해받을 수는 없더라고요. 내가 모든 사람을 이해해줄 순 없듯이. 그러니까 관계에 너무 집착하고 매달리며 미련하게 아픔을 끌어안진 않았으면 좋겠습니다. 설령 미움을 받더라도 너무 기죽지 말았으면.

 당신처럼 소중하고 예쁜 사람에겐 앞으로 사랑받을 날들이 훨씬 넘쳐날 테니까요.

차라리 나쁘게 살아

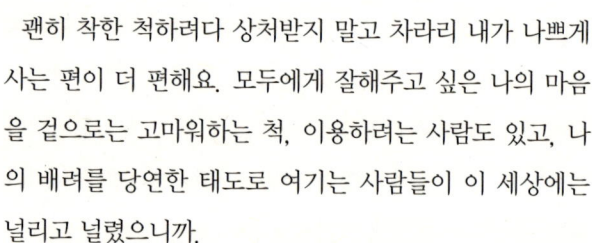

 괜히 착한 척하려다 상처받지 말고 차라리 내가 나쁘게 사는 편이 더 편해요. 모두에게 잘해주고 싶은 나의 마음을 겉으로는 고마워하는 척, 이용하려는 사람도 있고, 나의 배려를 당연한 태도로 여기는 사람들이 이 세상에는 널리고 널렸으니까.
 당신을 존중해주지 않는 사람에게는 당신도 딱 거기까지만 처신했으면 좋겠습니다. 그런 사람들 틈에서 그만 아파해야죠. 그런 사람들에게 상처받기엔 너무 아깝고 여전히 소중하고 아름다운 당신이니까.

상대방의 본 모습을 확인하고 싶다면

만약 상대방의 본 모습을 확인하고 싶다면 서로 알콩달콩할 때 말고, 다툼이 생기게 되었을 때 그 사람의 말과 행동을 보면 됩니다.

처음 만났을 때와 서로 좋을 때는 누구나 다정하고 잘해주죠. 허나 싸우게 되면서 감정이 격해질 때, 미안하단 말이 아닌 소리를 지른다면, 순간적으로 욱했다는 이유로 욕설과 막말을 내뱉는다면, 그런 모습을 보이는 사람이 있다면 그 관계는 최대한 빨리 끊어내야 합니다. 결국 그런 사람들은 내가 아무리 잘해줘도 절대 바뀌지 않으니까 말이에요.

좋을 때만 잘해주는 사람이 아니라 다툼이 생겼을 때도 먼저 물러설 줄 아는 사람. 부디 어여쁘고 소중한 당신이 그런 사람만 만나 행복한 연애를 하였으면.

사랑의 깊이가 비슷한 사람끼리 만나야 한다

 누군가는 자기 자신이 가장 우선이고, 사랑하는 사람은 그다지 우선순위가 아닌 사람들도 있습니다. 그저 가벼운 마음으로 누군가를 만나고 연애하는 사람이 있는 반면, 진지한 마음으로 한 번 연애할 때 온 마음을 다 주고 최선을 다해 사랑하는 사람이 있습니다.

 당신이 어느 정도의 깊이를 가지고 그 사람을 사랑하는지 알 순 없지만, 최소한 서로에 대한 마음의 깊이가 비슷한 사람끼리 만나야 상대방과의 충돌이 적어지고 서운함도 덜 느끼게 되는 법이에요.

 내가 상대방을 사랑하는 만큼 그 사람도 나를 사랑해줄 수 있는 그런 관계를 키워나가길 바라요. 굳이 내가 우선순위가 아닌 사람에게 매달리며 소중한 당신이 상처받진 말았으면.

이간질하는 사람에게 대처하는 방법

나와 주변 사람들과의 관계를 자꾸 끊어놓으려 하는 사람들이 있습니다. 애초에 없는 이야기를 자꾸 지어내서 이곳저곳 헛소문을 퍼트리고, 다른 사람들과 나의 관계를 멀어지게 하는 게 목적인 사람들이죠.

가장 중요한 것은 그런 사람에게 결코 쉽게 흔들리지 않는 마음을 가지는 것이에요. 더 이상 참지 못한다고 함부로 분노를 표출해버리면 절대 안 됩니다. 그런 사람들은 궁지에 몰리게 되면 피해자 코스프레가 주특기니까.

그런 사람들 때문에 괜한 감정 소모를 하지 말아요. 대부분 그런 사람들은 당신이 심하게 흔들리고 비참하게 무너지길 바라고 있을 테니까요.

상처 없는 밤은 없다

 상처 없는 밤은 없습니다. 상처 없는 사람 없는 것처럼 누구나 아픔 하나쯤은 끌어안고 살아가기 마련이에요. 옛사랑에 대한 후회나 그리움일 수도 있고, 미래에 대한 불안감 또는 막연함일지도 모르죠.

 그러나 지금 아파하고 있는 당신이 이상한 건 절대 아니라고 말해주고 싶습니다. 누구나 상처 하나쯤은 품고 살아가기 마련이니까. 누구나 다 그런 것이니까. 세상에 완벽한 사람은 없으니까.

 혼자서 너무 불안한 생각과 걱정들을 끌어안지는 말았으면 좋겠어요. 날이 밝으면 새벽이 사라지듯, 아침이 되면 당신이 겪은 수많은 상처와 아픔들도 조금은 진정될 테니. 이 새벽, 너무 아파하지 말고 부디 예쁜 꿈만 꾸었으면 좋겠어요.

인간관계도 계속 겪어봐야 알게 된다

인간관계라는 것은 참 어려워요. 정말 가깝고 오래된 사이여도 한순간에 정이 떨어지고 멀어질 수 있으며, 죽도록 미워했던 사람과도 한순간에 가까워질 수 있으니까. 또한 내 의도와 상관없이 흘러가고, 차가워지기도, 따듯해지기도 하니까.

그렇다고 사람을 알아가는 것에 대하여 너무 두려워할 필요는 없습니다. 음식은 먹어봐야 맛을 알 듯이, 사람도 겪어봐야 그 사람을 알게 되니까. 그렇게 겪어가면서 점차 관계를 어떻게 해야 하는지 감이 오는 법이니까. 그저 흘러가는 대로 오는 사람을 받아들이고 가는 사람을 붙잡지 말았으면 합니다. 마음을 좀 편하게 먹어야 살아가는 것 또한 편안해질 테니.

진짜 내 편을 구별할 것

진짜 내 사람을 구별해낼 수 있어야 해요. 내 사람인 척하며 상처로 다가오는 사람들 말고, 시간이 흐르면 흐를수록 나를 아껴주는 마음이 커지는 그런 사람을 만나세요. 착하고 배려심 많은 마음만 가지고 살아가기엔 세상엔 나쁜 사람투성이니까. 그런 사람들한테서 그만 아파해야죠. 당신이 얼마나 가치 있는 사람인데.

솔직함이라는 가장 무서운 무기

 솔직함이라는 건 참 무서운 무기가 될 수 있습니다. 그저 솔직하게 내뱉었던 한 마디가 누군가에겐 큰 상처가 되기도, 누군가에겐 큰 부담이 되기도 하니까.

 항상 솔직하게 내뱉는다고 해서 다 옳은 건 절대 아니에요. 상대방의 입장을 배려할 줄도 알아야지, 상대방 마음도 알아주지 못하면서 무슨 당신의 마음을 이해해달라고 그러세요. 항상 기억해야 돼요. 옳다고 생각했던 일이 항상 좋은 결과를 불러오진 않는다는 것을.

당신이 상처받는 이유

 당신이 상처를 많이 받는 것은, 당연한 결과일지도 모릅니다. 원래 예쁜 꽃은 주변에 벌레들이 꼬이기 마련이니까. 사람이라 부르기도 아까운 사람들에게 상처받고 너무 아파하지 말았으면. 당신이 너무 예쁜 꽃이라서 그런 거니까. 당신이 너무 예쁜 사람이다 보니 모두들 질투하는 거니까요.

 너무 자책하며 우울에 빠지지 말아요. 당신처럼 예쁜 꽃을 알아보지 못한 그 사람을 그만 아쉬워했으면.

차라리 몰랐으면 좋았을 것들

　차라리 몰랐으면 좋았을 것들이 참 많죠. 만나지 말아야 할 인연을 참 많이도 만났으며, 받지 않아도 될 상처를 받게 된 적도 많았죠.
　괜히 사실을 알게 되어서 기대감과 희망들은 실망으로 다가오고, 괜히 사람을 믿게 되어서 뒤통수를 맞기도 하고, 이젠 누군가에게 마음을 주는 것도, 혼자 잘 살아내려고 애를 쓰는 것도 정말 지쳐가는 일상을 보내고 있진 않으신가요?
　그냥 어떤 위로를 듣고 싶기보단 이젠 제발 행복한 일과 좋은 인연들만 나에게 다가오길 바라는 마음뿐.

있을 때 잘하라는 말

"있을 때 잘해."

이 말이 가장 지키기 어렵더라고요. 처음에는 서로 어색한 마음에, 상대방을 존중하는 마음에 서로를 조심스럽게 대하기 마련인데, 시간이 가면 갈수록 험한 말도 서슴없이 내뱉게 되고, 그 사람이 나에게 해준 배려들을 당연하게 받아들이게 되니까요.

그런 관계는 분명 지쳐버린 한쪽이 먼저 나가떨어지게 돼요. 그러고 나서야 이젠 더 잘할 수 있다고 후회해봤자 상대방의 마음은 이미 떠나간 후니까 아무리 후회해도 소용이 없더라고요.

지금부터라도 다가오는 인연들을 소중하게 대했으면 좋

겠습니다. 당신이 소중한 사람인 것처럼 당신에게 다가오는 인연 또한 무척 소중한 것이니까.

인간관계에서 항상 곁에 둬야 하는 사람

내가 필요할 때만 연락하고 정작 내가 필요하지 않을 땐 곁에 없는 사람 말고, 힘들 때나 기쁠 때나 항상 내 곁을 지켜주고 함께 해주는 사람을 만나세요.

내 상황이 힘들어졌다고 해서 날 쉽게 버리거나 무시하지 않고, 오히려 따듯한 격려를 건네며 내 지친 마음을 토닥여줄 수 있는, 자신이 더 많이 도와줄 수 없음에 미안해할 줄 아는 사람을 만나세요. 그렇게 나를 가장 우선순위로 두고 아껴주며 서로 함께 의지할 수 있는 다정하고 애틋한 사람과 함께 하세요.

먼 훗날, 당신의 지친 마음이 더 이상 견딜 수 없어 당장이라도 쓰러지려고 할 땐, 망설임 없이 자신의 어깨를 내어주며 든든한 버팀목이 되어줄 사람일 테니까.

따끔한 조언을 해주는 사람을 놓치지 마라

 맨날 듣기에만 좋은 칭찬이나 사탕발림만 늘어놓는 사람 말고, 이건 정말 아니다 싶을 때는 따끔하게 충고해주는 사람을 곁에 둬야 해요. 주위에 온통 겉으로는 달콤한 말로 내 마음을 사고 나중엔 이용하려는 사람들투성이고, 평생 듣기 좋은 말만 들으며 살다 보면 정작 자신의 단점은 고쳐지지 않게 되니까요.

 만약 내가 가끔 옳지 못한 행동을 했을 때, 따끔히 지적해주는 사람이 있다면 절대 놓치지 말아요. 날 진심으로 사랑하고 걱정하는 마음에서 그런 말을 하는 사람일 테니까.

가면

 상대방에게 정말 잘해주었을 때 그에 따른 반응은 두 가지예요. 고마움을 느끼며 더 잘해주려고 노력하거나 오히려 거만해져서 우습게 보거나.
 잘해줄수록 건방을 떠는 사람은 애초부터 나와 맞는 사람이 아니었던 거예요. 그런 사람 때문에 괜히 자존감을 떨어트릴 필요도 없고 상처받을 이유도 없다고 말해주고 싶습니다. 더 좋은 사람 만나 사랑받아야 마땅한 당신이니까.

내 세상에선 내가 가장 아프고 힘든 법

 결국 상처라는 것은 받아본 사람만이 알고 있습니다. 시간이 지난다고 해서 쉽게 아물지 않는다는 것을. 다른 누군가를 만난다고 해서 쉽게 잊히는 것이 아니라는 것을. 애써 행복한 척 웃으며 살아간다고 해서 가려질 수 있는 것이 아니라는 것을.

 내 아픔이 크게 느껴진다고 해서 남의 아픔이 작은 것은 절대 아니지만, 결국 나는 내 세상을 살아가고 있는 중이니까. 스무 살의 나이든, 서른 살의 나이든, 나는 내 세상을 살아가는 주인공일 테니까. 결국 내 세상에선 내가 제일 아프고 힘들기 마련이니까요.

 괜히 상대방을 위하는 척하며 당신의 아픔을 감추지 않아도 괜찮습니다. 아프면 아픈 대로 펑펑 울고, 울다가 지칠 때쯤 잠들고, 그렇게 다시 아침이 되면 펑펑 울며 아픈 상처를 달래도 괜찮습니다.

  누구나 다 똑같으니까. 모두 그렇게 살아가는 중이니까. 당신만 아픈 것도 아니지만 당신만 안 힘든 것도 아니니까. 지금 아파하고 있는 당신의 새벽을 어루만져주고 싶은 밤이에요. 오늘은 푹신한 베개를 베고 예쁜 잠자리에 들었으면.

관계에서 의심쟁이가 되어버린 당신에게

 누군가의 속마음을 파악한다는 것은 정말 어려운 일입니다. 상대방이 접근하는 이유가 순수하고 좋은 의도인지, 혹은 그저 이용하기 위한 하나의 수단인지, 나를 향한 배려가 진심인지 가식인지 헷갈리는 경우가 정말 많으니까요.

 그렇게 상대방의 배려와 호의에 의심을 품게 되고, 따듯한 마음으로 나를 향했던 사람들에게마저 상처를 안겨주고 밀어내는 순간들도 참 많았습니다. 언제부터인지 새로운 관계를 맺어나감에 있어서 기대감보단 두려움이 앞서게 되었고, 새로운 연애를 시작하기도 전에 헤어짐을 먼저 걱정하는 습관이 생겨버리게 되더군요.

 인간관계에 있어서는 의심쟁이가 되었고, 겁쟁이가 되

어버린 나였기에 자책하며 자존감을 떨어트리는 일상들이 반복되었습니다. 그런데 시간이 꽤나 지나고 나서 그제야 아차, 하고 깨닫게 되더군요.

아, 내가 그렇게나 의심하고 두려워한 것은 사람이었구나. 사람한테 받은 상처가 정말 많은 나였구나. 왜 이 사실을 모르고 혼자 스스로를 미워했던 것일까요. 사람에게 받은 상처가 너무나 많았기에, 이젠 사람을 믿고 마음을 주는 일이 두려워졌다는 것을. 관계에 있어서 버려짐에 익숙해졌기에, 이젠 진심으로 다가오는 사람마저 걷어차고 있는 중이라는 것을.

이젠 나의 자존감을 바닥까지 끌어내리진 않았으면 좋겠습니다. 상처가 너무 큰 나머지 겁도 의심도 많아져 상처받을 준비를 하진 않았으면 좋겠습니다. 오로지 사랑받을 준비만 하며 본인을 위로하는 새벽을 보냈으면. 조금이나마 마음의 상처가 아물었으면 하는 마음뿐입니다. 당신도, 나도.

버릇

저에게는 참 안 좋은 버릇이 있었습니다. 바로, 마음을 쉽게 내어주는 버릇이에요. 그때는 그 사람이 뭐가 그렇게 좋다고 그리 쉽게 마음을 다 내어줬는지. 자존감을 버려가면서까지 처절하게 매달렸는지. 스스로가 참 원망스럽게 느껴지는 날이 가끔 있습니다.

상대방과 조금이라도 가까워졌다고 생각될 때는, 내 진심과 내 사랑, 그리고 나의 어려운 사정마저도 모두 털어놓고 상대방을 아껴주곤 했었죠. 허나, 그렇게 털어놓은 내 속사정은 다른 누군가의 입에서 소문이 돌기 시작했고, 섣불리 내보였던 진심이 약점이 되는 경우도 참 많았습니다.

그걸로 끝이 난다면 얼마나 좋을까요. 상대방이 내어준

마음이 진심인지, 가식인지를 판단하지도 않은 채 모두 받아들이고야 말았습니다. 나를 소중히 여기지 않는 사람들에게 나의 소중한 시간을 낭비하였고, 그렇게 내 소중한 감정마저도 쏟아부었던 겁니다. 그러고서 상대방이 화를 내거나 나를 귀찮아할 때는 오로지 내게 잘못이 있는 것이라고 생각하며, 내게 무슨 문제가 있냐면서 처절하게 매달리곤 했었죠.

그때는 왜 몰랐을까요. 내게 문제가 있는 것이 아니라는 것을. 그저 상대방에게 나를 향한 마음이 사라졌다는 것이 문제였다는 것을. 마음을 쉽게 내어준다고 해서 상대방도 무조건 진심을 내어주는 것은 아니라는 것을. 결국 그렇게 털어놓은 내 속사정은 허점으로 보일 수밖에 없다는 것을.

사람에게 받은 상처가 아직까지도 아물지 못하여 잠들지 못하는 밤입니다. 알고 싶지 않은 누군가의 안부가 들려와선 귀를 막아버리고 싶기도 한 새벽이고요. 상처도 쉽게 지워질 수 있는 것이라면 얼마나 좋을까요. 오늘도 신세 한탄만 하며 잠자리를 뒤척이곤 합니다. 이 또한 지나갈 것이라는 새빨간 거짓말을 베개 뒤로 숨긴 채로.

내 기준에서만 판단은 금물

 아무리 친한 친구 사이든 오랫동안 만난 연인 사이든, 그 어떠한 사이라도 함부로 대하여도 괜찮은 관계는 없습니다. 내가 아무리 상처 줄 의도가 없이 뱉은 빈말일지라도, 결국 그걸 받아들이고 해석하는 것은 언제나 상대방의 몫이기 마련입니다.

 사람들이 가장 많이 듣는 말은 본인 스스로가 참 소중한 존재라는 것이지만, 가장 많이 잊고 살아가는 것 또한 '내가 소중한 만큼 타인도 소중하다'라는 사실입니다.

 당신에게 장난이고 편한 태도라고 해서 상대방에게 상처가 되지 않는다는 법은 없습니다. 그저 내 기준에서 친하고 편한 사이라고 아무렇지 않게 대하다가는 상대방이 먼저 마음을 닫아버릴 수 있다는 것을 기억하고 주의했으면 좋겠습니다.

살아가야만 하는 것

솔직하게 말하자면, 나는 전혀 괜찮지 않았습니다. 정말 괜찮아서 괜찮다는 말을 내뱉었던 것도 아니었고, 아무런 아픔도 느끼지 못해서 마냥 웃었던 것은 아니었어요. 항상 힘들고 지친 하루 끝에는 밤이 지나면 또다시 내일이 찾아온다는 두려움과 막연함만이 맴돌기 마련이었죠.

막상 괜찮다고 위로를 해주는 사람도 없고, 지금 힘든 심정을 솔직하게 털어놓는다 해서 삶이 달라지진 않을 것 같아서. 나라도 나 스스로를 위로하지 않으면, 감싸주지 않으면 금방이라도 무너져 내릴 것만 같아서. 그래서 괜찮다는 말을 몇 번이고 되뇌곤 했습니다.

그러나 괜찮다는 말은 점점 나를 벼락 끝으로 내몰았고, 힘들다는 말은 여전히 가슴속에 맺힌 채, 아직도 세상 밖으로 나오지를 못했어요. 점점 절망하는 순간들이 많아졌고, 좌절하며 무너지는 날들 또한 많았습니다.

그런데, 참 슬픈 사실을 알게 되었어요. 아무리 버틸 수 없어서 무너지는 날이 찾아와도, 아무리 절망하고 좌절해도, 우리는 계속 살아가야 한다는 사실 말이에요. 삶은 우리의 지친 마음을 기다려주지 않으니까. 우리가 아파하는 이 순간에도 계속 흘러가는 중이니까.

그러한 슬픈 사실이 가끔은 위안이 되기도 하더군요. 아무리 무너지고 아무리 넘어져도 결국에는 계속 살아간다는 사실. 그것만으로도 내 마음은 조금이나마 안정을 되찾았던 것 같습니다. 우리는 계속 살아가야 하니까. 아무리 힘들고 어려운 일이 한꺼번에 몰려와도, 결국에는 꿋꿋이 버텨내고 계속해서 살아가게 될 것이니까.

사과

 자존심을 굽히며 사과를 하되 자존감을 굽혀가면서까지 사과할 필요는 없습니다. 당신은 왜 모를까요. 자신의 잘못은 인정하지 않으면서 상대방이 사과하기만 바라는 이기적인 사람과 함께하기엔 당신의 시간은 너무나 소중하다는 사실을 말이에요.

잘 지낸다는 거짓말

 요즘 잘 지낸다는 뻔한 거짓말을 하곤 하죠. 사실 많이 힘들고 아픈 마음인데 애써 숨기고 감추며 괜찮다는 말만 반복하진 않았나요? 괜찮다는 말만 하는 이유는 정말 괜찮아서가 아니잖아요. 괜찮아야만 하니까. 그래야 무너지지 않을 것만 같아서 그런 말을 하는 거잖아요.

 그렇다고 마냥 펑펑 울고만 있진 말았으면 좋겠어요. 당신은 진짜 소중하고 사랑스러운 존재인데 그렇게 서글프게 울면 제 마음이 자꾸 무너지잖아요.

허락

 내가 싫다고 여러 번 말했음에도 불구하고 그 행동을 계속하는 사람은 어차피 내 입장이나 의견에 아무런 관심도 없고 배려할 마음조차 없는 이기적인 사람이에요. 이 사람과의 관계를 끊어내는 것이 두려워 용서해주는 일을 반복하게 된다면 결국 호구 취급을 받으며 비참해지는 것은 나 자신뿐입니다. 그런 사람들의 잘못을 더 이상 눈감아주지 말아요. 한두 번 정도의 용서는 가능할지 몰라도 그 이상은 용서가 아닌 허락이 되는 거나 마찬가지니까.

 다른 사람에게 내게 상처 줄 수 있는 권한을 내어주지 마세요. 세상 그 누구라도 날 함부로 대하거나 상처 입힐 자격은 절대 없고, 매 순간 온전히 사랑받으며 살아갈 자격만 충분한 당신이니까.

사랑하는 이유

나를 사랑하게 될 당신에게 벌써부터 미안합니다. 나는 특출나게 잘하는 것도 없고 여러 부분에서 많이 부족한 사람인데. 그런 사람을 사랑하게 만들어서 정말 미안한 마음뿐입니다. 그래서 이렇게 부족한 내가 당신을 사랑할 수 있다는 것은 엄청난 축복인 걸 알기에. 나쁜 사람들과 다르게 진심으로 사랑을 전해주고 싶습니다.

당신의 심장이 터질 정도로 있는 힘껏 꽉 안아주고 싶어요. 하루 끝에는 많이 지치지 않았는지 걱정하고, 충분히 잘될 거라는 따뜻한 격려를 해주며 당신과 사랑을 나누고 싶습니다. 당신의 불안함을 포근히 감싸주고 당신의 서러움을 먼저 알아차리고 다가가서 끌어안아주는, 그런 사람이 되어주고 싶습니다.

그러니까 우리, 그런 사랑을 해나가도록 해요. '지친다, 답답하다, 불안하다' 나쁜 문장들보단 '설렌다, 행복하다, 사랑한다' 예쁜 문장들로 당신의 삶을, 나의 삶을, 우리의 연애를 채워나가도록 해요. 상대방을 의심하고 매번 사랑을 확인 받아야 하는 연애가 아닌, 곁에 없더라도 마음만은 함께 있다는 생각이 드는, 그런 사랑을 하는 당신과 내가 되었으면 좋겠습니다.

힘든 연애를 해온 친구에게 전하는 말

 친구야, 나는 네가 이젠 좋은 사람을 만났으면 좋겠어. 매번 너 혼자 상처받지 않는 연애를 했으면 좋겠어. 널 열심히 아껴주는 척, 겉으로만 다정하고 화가 나면 폭력적으로 변하는 그런 사람 말고, 너를 아름다운 보석처럼 아껴주고 사랑해줄 수 있는 사람을 만나 다른 사람들이 모두 부러워할 만큼 듬뿍 사랑받는 행복한 연애만 했으면 좋겠어.

 만약 어쩔 수 없는 이유로 아파하는 일이 생기더라도 아파할 가치가 있는, 그런 사랑을 했으면 좋겠어. 제발 네 가치를 알아주고 소중히 여겨주는 사람을 만나서 네가 행복한 연애란 게 무엇인지 느껴봤으면 해. 그게 내 평생소원이야. 진짜.

걱정이 많아진 것이 걱정인 당신에게

 요새 걱정과 고민들이 참 많죠. 불안함과 우울감이 가득한 마음으로 밤새 뒤척이진 않는지 걱정되는 밤이에요. 평소엔 잘만 보내다가도, 갑작스럽게 고민과 걱정들이 찾아와 괜찮아진 마음을 다시 아프게 들쑤시곤 하죠. 그래도 너무 좌절하진 말았으면 좋겠습니다. 원래 고민과 걱정들은 아직 일어나지 않은 일들이 대부분이니까.

 그리고 만약 또 다른 걱정과 고민이 찾아와도 괜찮아요. 지금 우리가 지나쳐온 고민과 걱정이 있다는 것은, 다시 찾아와도 흘려보낼 수 있다는 뜻이니까. 결국 모두 잘 해낼 당신이라는 것을 알기에 전하는 말이에요.

미움받지 않으려고 애쓰지 마라

굳이 다른 사람들의 눈치를 살피며 애써 불안한 관계를 유지하려고 노력하지 않아도 돼요. 어차피 날 원하지 않는 사람들에게 매달리며 사랑받으려 애쓰지 않아도 돼요. 사랑을 주고 말고는 내가 아닌 상대방의 선택에 달린 거니까요. 어떤 이유를 대서라도 결국 나를 싫어하는 사람은 분명 존재하듯이, 내가 어떤 모습이든 좋아해주고 함께하고 싶어하는 사람들도 분명 있으니까.

모든 사람들에게 사랑받으려고, 미움받지 않으려고 혼자 애쓰지 말아요. 모든 사람들이 좋아해주진 않더라도 날 좋아해주는 사람들은 세상에 이미 널렸고, 그만큼 있는 그대로가 참 아름답고 보석처럼 가치 있는 당신이니까.

안아줌이 필요한 밤

누군가 나를 꽉 안아줬으면 좋겠다는 생각을 해요. 남들 앞에서 억지로 웃고 싶지 않고, 매일 똑같이 반복되는 일상, 정말 아무것도 하기 싫어지죠. 이런 우울한 마음들을 누군가에게 털어놓고 싶은데, 자꾸 주변 눈치만 보이는 거 있죠.

그리고 사람들은 나보고 다 잘될 거래요. 괜찮아질 거래요. 그런데 그 말을 믿으면서 살아가고 있어요. 참 모순적이죠. 그저 안아줌이 필요할 뿐인데. 다들 자꾸만 계산을 하고 있잖아요.

누군가와 사랑을 할 때 알아야 하는 것들

표현은 하면 할수록 관계를 애틋하게 만든다는 것. 많은 것을 줄 수 있는 것이 아닌 많은 것을 포기할 수 있는 것이 진짜 사랑이라는 것. 연애는 상대방만 맞춰주는 것이 아닌 함께 맞춰나가야 애틋해진다는 것. 상대방의 부족한 부분들을 받아들이고 안아줄 수 있어야 사랑이라는 것. 서운함과 오해가 많이 쌓이면 어떤 관계라도 결국 무너지게 된다는 것. 마지막에 상대방을 붙잡기보단 편히 떠날 수 있게 꾹 참고 놓아주는 것이 서로를 위한 진정한 사랑이라는 것.

당신이 존중받아야 마땅한 이유

스스로를 미워하고 자책하며 자존감을 떨어트리는 사람들이 있습니다. 보통 그런 사람들은 자신이 소중한 존재임을 입증할 수 있는 증거를 찾으려고 애를 쓰곤 합니다. 자신이 그 조건에 충족하는지 일일이 재보고, 만약 충족하지 못한다면 매우 괴로워하는 경우도 참 많아요.

허나, 당신이 소중한 사람이란 증거도, 조건도 찾을 필요는 전혀 없습니다. 애초부터 존중받고 사랑받을 자격을 가지고 태어난 당신이니까. 당신에게 잘난 점이 없더라도 오히려 부족한 점이 많더라도, 당신은 당신이란 이유만으로 존중받고 사랑받을 자격이 충분하니까.

그러니까 너무 스스로를 미워하지 말아요. 나조차 나를 사랑해주지 못하면, 어떤 누구도 날 사랑해줄 수 없을 테니까요.

자존감이 낮은 사람과의 연애

 연애와 만남에 있어서 가장 중요한 것 중 하나는, 나를 불안하게 만들지 않는 사람을 만나는 거예요. 그러나 사랑에 있어서는 상대방의 말과 마음을 믿는 일 또한 무척 중요해요. 간혹, 이런 말을 자주 내뱉는 사람들이 있어요.

"나 같은 사람이 왜 좋아? 도대체 어떤 부분이 좋은 거야?"
"도저히 이해가 안 돼. 나는 볼품없는 사람일 뿐인데."

 유독 자존감이 낮은 사람과의 연애에서는 더욱 그렇습니다. 자꾸만 자신을 사랑하는 이유를 궁금해하고 상대방에게 자신을 좋아하는 타당한 이유를 말하라며 고집을 부리고는 해요.
 만약 당신이 자존감이 낮은 사람이라면, 자기 자신조차

사랑하지 못하는 사람이라면 누군가와 연애를 시작하기 전에 스스로를 사랑하는 방법부터 찾으려고 노력했으면 좋겠어요. 나를 사랑하고 안아주질 못하는데 다른 누군가를 사랑한다는 것은, 분명 그 사랑은 가식적일 수밖에 없으니까. 온전히 상대방을 사랑해줄 수 없으니까 말이에요.

만약 자존감이 낮은 당신이 지금 연애 중이라면, 지금 느끼는 불안감이 상대방에게 받은 것인지, 아니면 스스로에 대한 불신인지 잘 판단했으면 좋겠습니다. 타인이 소중한 것만큼 나 또한 무척 소중한 존재입니다. 부디 나 자신부터 소중히 여길 수 있게 되고 나서 다른 사람들을 소중히 여길 줄 아는 사람이 되었으면 해요.

아쉬움

 헤어짐과 만남이 반복될수록 아쉬움은 커지기 마련입니다. 지금 만나는 사람에게 잘해주고 있는 순간에도 가끔씩 이런 생각이 들 때가 있습니다.

 '전에 만났던 사람에게도 이렇게 했었다면 우린 함께였을까.'

 후회가 조금씩 몰려오며 아쉬움이 가득한 마음뿐인 하루를 보내기도 했어요. 그리고 또다시 누군가와 헤어지게 되었을 때, 또 한번 후회와 미련이 가득한 하루를 보내고, 그런 일상을 줄곧 반복해왔습니다. 내가 조금만 더 잘했더라면, 그런 말과 행동만큼은 하지 말았더라면 얼마나 좋았을까라는 생각. 그러다 문득, 한 구절이 머릿속을 스쳐갔습니다.

'이번 연애에서의 헤어짐은 다음 연애를 위한 한 걸음이라고 생각하세요. 지난번 연애에서 느낀 본인의 문제점을 고치고, 다음 연애를 할 때 더 나은 모습으로 상대방에게 다가가면 됩니다.'

이유는 잘 모르겠지만, 이 말이 너무 슬프게 들려왔습니다. 내 모든 것을 쏟아부었던 사랑이 고작 다음 연애를 위한 한 걸음이라는 말에. 내가 줬던 사랑과 그가 줬던 사랑, 그 모든 것이 마치 다음 연애를 위한 하나의 계단일 뿐이자 스쳐가는 과정에 불과하다는 사실에. 우리는 그저 스쳐가는 인연이었고, 그저 잠자코 다음 인연을 기다려야만 한다는 현실에. 가슴이 자꾸만 조여 왔으니까.
그러다 문득, 이런 말 또한 떠올랐습니다.

'스쳐가는 인연이라고 해서 모두 스쳐갔던 것은 아니다. 정말 스쳐가는 인연들이 대부분이지만, 우리의 마음속 깊게 자리 잡는 인연 또한 있는 법이니까.'

그저 그렇게 생각하고 싶습니다. 당신은 내 마음의 한 페이지라고. 허나 그냥 대충 읽고 넘기는 페이지가 아닌, 또다시 읽어보기 위해 모서리를 접어둔 한 페이지라고 말이에요. 당신을 너무 사랑하지만 우리는 다시 그때로 되돌아갈 수 없으니까. 똑같은 이유로 상처받고 아파할 것을 알고 있기에. 우리의 사랑은 잠시 반짝였던 불꽃놀이와 같았기에.

당신은 그저 아쉬움이 몰려오는 새벽마다 떠오르는 사람으로 남는 것이 맞는 것 같아요. 미련이 아닌 추억만을 가슴에 새기려고 노력하고 있습니다.

그때는 왜 몰랐을까

 그때는 왜 몰랐을까요. 사랑하기에도 모자란 시간들인데. 왜 그렇게 서로 치고받고 다투기만 했을까요. 너는 나를 왜 이해하지 못하냐며 화만 내고, 너는 항상 네 생각뿐이라며 서로에게 상처 주는 말만 뱉던 우리.

 막상 헤어지고 나니까 그때 하지 말아야 했던 말과 그때 해주지 못한 말이 참 많이 떠오르곤 합니다. 당신이 하는 모든 말이 잔소리이고 간섭하는 것처럼 들렸는데. 왜 이제야 알았을까요. 나에게 했던 걱정스러운 말투와 잔소리들마저 모두 당신의 사랑이었다는 것을.

헤어짐에 예의를 갖춰야 하는 이유

 사랑하는 사람에게 헤어짐을 고할 때도 예의는 지켜야만 합니다. 문자 하나로 헤어지자, 짧은 전화 한 통으로 헤어지자고 이별을 통보하고 혼자 떠나는 것은 정말 잔인하고 이기적인 행동이에요. 결국 일방적인 이별 통보는 상대방의 원망만 불러오기 마련이니까요.
 어째서 함께할 수 없는 건지 헤어짐의 이유라도 자세히 설명해줘야 해요. 만남에도 예의가 있듯 헤어짐에도 예의가 있으니까. 사랑했던 시간에는 제법 무게가 있는 법이니까요. 말도 안 되는 거짓말로 애서 착한 척, 어쩔 수 없이 떠나는 척하지 말고, 속 시원하게 싫어졌으면 싫어졌다고, 다른 사랑하는 사람이 생겼으면 생겼다고 말을 해줬으면 좋겠어요. 상대방도 빨리 아픔을 털어내고 다시 일어설 수 있게 말이에요.

왜 당신만 아파하는지

 상처 준 사람들은 잘만 웃으며 살아가는데 어째서 상처 받은 당신만 아파하며 살아가는지. 누가 봐도 상처가 되는 말을 건네는 사람은 당신을 소중히 생각하지 않는 사람이에요. 그런 사람들을 곁에 두며 미련하게 상처받을 필요는 전혀 없습니다. 나를 좋아하고 아껴주는 사람들만 만나서 매 순간 행복하기에도 부족한 시간이니까요.

상처 주는 걸 허락하지 말아요

 사랑이 영원하다면 얼마나 좋을까요. 아무리 한결같은 사랑이라도 그 끝은 언제나 존재하기 마련이에요. 아무리 서로를 처음과 같이 영원히 사랑하겠다 약속해도, 언젠가 그 끝은 오게 되어 있습니다. 한결같이 잘해주는 내 모습에 상대방이 질릴 수도 있는 거고, 한결같이 변함없는 상대방의 모습에 변화를 요구하다 다툼이 번질 수도 있으니까.

 예전에는 가끔 이런 생각을 하곤 했습니다.

'내가 사랑하는 사람의 마음에 일시 정지 버튼이 있었다면 얼마나 좋을까. 그럼 시간이 지나도 권태기 따위는 오지 않을 텐데. 시간이 지나도 있는 그대로의 내 모습을 좋

아해주고 사랑해줄 텐데.'

  한편으로는 억울한 마음이 들기도 했습니다. 사랑은 왜 영원하지 못할까. 사람 마음은 왜 끊임없이 변하는 걸까. 그런데 결국, 그 시절의 내가 어리숙했다는 생각이 들게 되었어요. 어쩌면 당연한 사실이었을지도 모르니까요. 사랑은 하면 할수록 성숙한 사랑으로 변해간다는 것을, 만남과 헤어짐을 반복할수록 우리는 상대방을 배려하는 마음을 갖게 된다는 것을, 그렇게 조금씩 어른스러운 사랑을 해나가며 서로의 평생을 함께할 동반자를 찾게 된다는 것을 말이에요.

  평행선과 같을 거라 믿었던, 한때나마 영원할 거라고 믿었던 우리의 사랑 또한 남과 다르지 않게 끝나버렸지만, 그렇다고 너무 슬퍼하진 않기로 마음을 굳게 먹었습니다. 이제야 알게 되었으니까요. 서로에겐 분명 더 좋은 사랑이 찾아올 것을. 초콜릿도 처음 먹을 땐 달달하고 맛있지만 자꾸 먹다 보면 질리는 것처럼, 사랑이든 사람이든 함께하는 시간이 많아질수록 그 가치를 잊어버리기 마련이란 것을. 사랑 또한 영원하지 않았기에 아름답다는 사실을.

이젠 떠나간 사랑을 원망하고 다가올 인연들을 애써 거부하지 않으려고 합니다. 그래서인지 앞으로 다가오게 될 좋은 인연들과 지금보다 더욱 성숙한 사랑을 하며 어른이 되어갈 우리들의 모습에 자꾸만 기대가 되는 요즘이에요.

당신의 오늘은 안녕한지

 사람 마음이 참 간사합니다. 행복한 순간을 살아갈 때엔 '내가 이렇게 행복해지려고 힘든 날도 있었던 거구나' 하고 불행했던 과거들마저 아름답게 보이며 쉽게 웃어넘길 수 있지만, 힘들고 아픈 순간들이 겹칠 때에는 행복했던 날들마저도 모두 부질없다고 생각하게 되니까.

 행복은 주마등처럼 금방 스쳐간다는 말이 참 서글프게 들리는 요즘입니다. 우리가 쉽게 지나갔다고 느꼈던 것은 어쩌면, 힘들고 아팠던 순간들 틈에서 매일을 살아왔다는 뜻이니까. 우리는 매번 통보 없이 다가오는 아픔에 준비 없이 아파야만 했으니까. 누군가가 내 아픔을 알아줬으면 하는 마음에 자꾸만 스스로를 망가트렸으니까 말이에요.

 오늘 당신의 아픔은 안녕한지, 오늘 당신의 행복은 안녕한지, 오늘 당신의 새벽은 안녕한지, 온전히 당신의 안부를 묻고 싶은 새벽이에요. 애써 감당할 수 없는 우울을 참아내느라 참 고생이 많았다고 말해주고 싶습니다. 부디 오늘 새벽은 덜 아파하길 바라는 마음뿐.

예의 없는 진심

 상대방에게 무작정 내 진심을 받아달라고 재촉하지 말아요. 분명 내 진심을 표현하는 것은 상대방과 가까워질 수 있는 가장 확실한 방법이에요. 하지만 너무 부담스럽게 진심을 들이대면 오히려 마음의 문은 굳게 닫혀버릴 수도 있습니다.

 항상 명심하며 살아갔으면 좋겠어요. 진심이라고 해서 모두 받아들여지는 것은 아니라는 것을. 상대방에 대한 배려와 예의가 없는 진심은 오히려 역효과를 불러온다는 사실을. 성급해지는 마음 때문에 소중한 사람을 잃는 미련한 짓은 하지 말았으면 좋겠습니다.

 오히려 마음의 여유를 가지고 조금씩 마음을 표현하는 것은 어떨까요. 상대방의 마음이 체하지 않게. 서로를 천천히, 온전히 받아들일 수 있게 말이에요.

경고

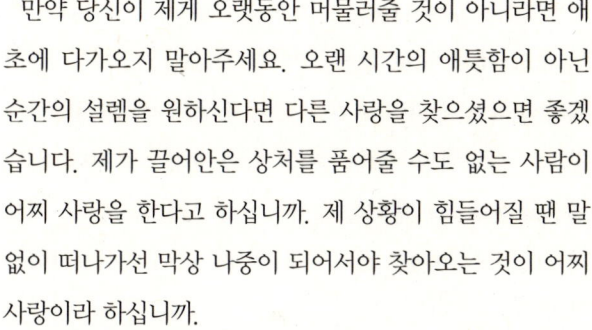

　만약 당신이 제게 오랫동안 머물러줄 것이 아니라면 애초에 다가오지 말아주세요. 오랜 시간의 애틋함이 아닌 순간의 설렘을 원하신다면 다른 사랑을 찾으셨으면 좋겠습니다. 제가 끌어안은 상처를 품어줄 수도 없는 사람이 어찌 사랑을 한다고 하십니까. 제 상황이 힘들어질 땐 말없이 떠나가선 막상 나중이 되어서야 찾아오는 것이 어찌 사랑이라 하십니까.

　제발 더 이상 상처 주는 인연으로 만나지 말아요. 당신과 마주치면 인사조차 하지 않을 거라 악담하는 악연은 되고 싶지 않습니다. 그리고 저는 더 이상 거짓말로 포장한 사랑을 믿지 않으렵니다. 진심으로 날 챙겨주고 아껴주는 사람 만나기에도 아까운 시간이라는 걸 이제야 알았거든요.

바쁘다는 핑계

 바쁘다는 말처럼 무심한 핑계는 없습니다. 아무리 바빠도 문자 하나, 전화 한 통 연락할 시간은 있습니다. 괜히 내가 연락을 기다리게 만들고, 나를 하루 종일 불안하게 만드는 사람과의 관계는 미련 없이 끝냈으면 좋겠어요. 당신을 온전히 사랑해줄 사람들이 온 세상천지인데, 어째서 그런 스쳐지나갈 사람한테 상처받고 아파하며 살아가고 있나요.

 남는 것은 상처뿐인 관계를 이어나가지 말아요. 지금보다 훨씬 좋은 인연들이 당신을 기다리는 중이니까요.

너무 사랑하기 때문에 서운함을 감출 수가 없다

 사람 마음이라는 것이 참 그래요. 반드시 확인하고 싶어집니다. 이 사람이 날 얼마나 사랑하고 정말 아껴줄 수 있는지. 나를 위해서라면 어느 부분까지 포기하고 감당할 수 있는지. 시간이 흘러도 변함없는 모습으로 내 곁에 머물러줄 수 있는지. 상대방의 진심과 애정을 확인하고 싶어지는 게 사람 마음이에요.

 상대방이 당신의 사소한 행동에도 자주 삐치는 사람인 것 같다면, 너는 왜 그렇게 속이 좁냐며 면박을 주거나 그냥 웃어넘기지는 말았으면 좋겠습니다. 당신을 사랑하는 마음이 크기 때문에 서운함도 클 수밖에 없는 거니까.

 사소한 것에 서운함을 느끼는 그 사람을 절대 놓치지 마세요. 당신의 사소한 부분마저 알아주고 사랑해줄 수 있는 사람이니까.

거짓 사과

그냥 미안하다는 말이 듣고 싶었던 게 아닙니다. 내 심정과 서운함을 조금이라도 알아주길 바랐던 거죠. 당신은 어쩜 그렇게 이기적인 건가요.

"미안해. 내가 잘할게."

마음에도 없는 사과만 반복하잖아요. 그냥 당신 마음 편해지자고 억지로 하는 사과라면 그런 가식적인 마음은 나도 받아주고 싶지 않아요. 그리고 이런 관계라면 누군가는 먼저 떨어져 나가겠죠. 둘 중 한 사람이라도 비참해지는 순간, 이미 그 관계는 끝나버린 거니까.

관계를 놓아버리고 싶은 순간들

 나만 놓으면 끊어질 관계라는 사실을 깨달았을 때. 나만 사랑하고, 나만 노력하고 있다고 느껴질 때. 시간을 내서가 아닌 시간이 날 때만 나를 찾아오는 모습을 봤을 때. 상대방의 우선순위가 더 이상 내가 아니라고 느껴질 때. 상대방이 내 서운함에 귀를 기울이지 않을 때. 둘 중 한 사람만 편안한 연애를 하고 있다고 느껴질 때. 그 사람과 함께 있어도 더는 행복하지 않고 오히려 자존감만 계속 떨어지는 것 같을 때. 상대방이 내가 알던 모습과는 완전히 다른 사람으로 변해버렸을 때.

연애할 때 집착하면 안 되는 이유

누구나 사랑을 하게 되면 이기적으로 변하게 됩니다. 그 사람이 온전히 매일매일 나만 바라봐줬으면 좋겠고, 내가 아닌 다른 이성과는 연락도 하지 말았으면 좋겠고, 혼자 사랑하는 사람의 마음을 독차지하고 싶어 하는 것이 당연한 사람 마음이니까요.

그러나 사랑이란 이름을 가장한 집착을 보여서는 절대 안 된다는 사실을 기억하세요. 지나친 집착은 상대방을 향한 오해와 불신만 불러오고, 잦은 오해와 서운함은 수많은 다툼을 유발하고, 그로 인해 결국에는 이별로 이어질 수 있으니까.

항상 명심해야 합니다. 상대방을 내 틀 안에 가두려고 해도 절대 내 마음대로 되지 않는다는 것을. 지나친 집착은 상대방을 지치게 만들고, 아무리 애틋한 연애라도 지치면 거기서 끝이라는 사실을.

사랑의 무게

 어쩌면 사랑이라는 녀석은 참으로 아름다운 존재일지도 모릅니다. 서로 완전히 다른 삶을 살아온 두 사람이 만나 '우리'가 된다는 것. 그렇게 다툼과 애정의 나날을 반복하며 훗날 웃으며 꺼낼 수 있는 추억을 쌓아간다는 것.

 그저 사귀자는 말과 함께 시작되는 연애와 달리, 결혼을 통해 상대방의 인생을 책임지고 평생 사랑하겠다 약속하는 것. 그렇게 누군가의 아내, 누군가의 남편으로 인생의 정식 동반자로 살아가는 것. 아이도 하나, 둘씩 낳아 누군가의 따뜻한 어머니, 누군가의 든든한 아버지가 되는 것. 한참 나이를 먹고서도 새치를 뽑아줄 사람이 곁에 있다는 것.

 그렇게 사랑은 꽤나 긴 시간을 통한 가치와 무게를 지니고 있는 듯합니다. 어느 누구도 함부로 대할 수 없는 가치와 돈으로는 환전할 수 없는 인생의 무게를.

오랫동안 편안하고 좋은 관계를 유지하는 방법

 인간관계에서 내 모습을 억지로 꾸며내는 행동은 어떻게 보면 시간 낭비일 수 있습니다. 처음에는 가능할지 몰라도 시간이 지날수록 점점 나의 원래 모습이 다시 드러나게 되니까. 원래 내 모습을 감추며 상대방을 만나는 건 노력하는 나 자신도 점점 지쳐가게 되고, 아무것도 모르는 상대방은 그저 반쪽짜리 관계를 유지하는 것과 마찬가지니까요.

 만약 그 사람과 오랫동안 좋은 관계로 함께하고 싶은 마음이 있다면, 꾸미지 않은 솔직한 모습으로 천천히 조심스럽게 다가가는 편이 좋습니다. 있는 그대로의 내 모습을 받아들이고 온전히 사랑해줄 수 있는 그런 사람을 만나세요. 분명 그런 사람들은 좋은 인연이 되어 당신의 곁을 오랫동안 지켜줄 테니까.

인간관계가 부질없다고 느껴지는 순간들

평소 믿었던 사람이 내 상황이 힘들어지자 떠나갈 때. 상황이 힘들어졌을 때 떠나갔던 사람들이 상황이 다시 좋아지자 돌아올 때. 막상 정말 지치고 힘들 때는 내 이야기를 들어줄 사람이 없을 때. 힘들다는 말을 내뱉었을 때 따듯한 위로가 아닌 오지랖 섞인 충고만 들었을 때. 많은 사람들과 함께 있어도 마음 한편이 자꾸 공허할 때. 자신이 필요할 때만 연락하고 다시 떠나가는 사람들의 뒷모습을 바라볼 때. 나 자신을 바꿔봤자 나를 싫어하는 사람들은 바뀐 내 모습마저 싫어한다는 것을 깨달았을 때. 아무리 관계를 지키려고 발버둥 쳐도 영원히 한결같은 관계는 세상에 존재하지 않는다는 사실을 알았을 때. 오늘 하루도 참 수고가 많았다며 나의 지친 어깨를 토닥여줄 사람 하나 없을 때.

누군가를 사랑한다면 하지 말아야 할 행동들

 자기 기분에 따라 매일 답장하는 속도가 달라지는 것. 자기 기분이 좋지 않다는 이유로 상대방을 함부로 대하는 것. 상대방의 외모나 단점을 지적하며 자존감을 떨어뜨리는 것. 이성 문제와 연락 문제로 상대방을 불안하게 만드는 것. 상대방에게 사랑받고 있다는 확신이 아닌 불안감만 안겨주는 것. 상대방을 이해하려는 노력조차 시도하지 않는 것. 사랑한다, 고맙다는 말보다 지겹다, 미안하단 말을 자주 내뱉는 것. 사랑한다는 거짓말 뒤에서 상대방을 상처 입히고 괴롭히는 것.

미안함이 아닌 고마움이 가득한 관계

 서로에게 미안함이 아닌 고마움을 자주 느끼게 되는 관계를 만드세요. 어떠한 관계든 간에, 서로에게 미안한 일을 많이 만들면 안 됩니다. 상대방을 향한 미안함이라는 감정들이 쌓여갈수록 그 사람과의 만남은 점점 부담스럽게 느껴지고 함께 있는 시간은 마냥 불편해지기 마련이니까요.

 서로에게 미안함만 남는 관계는 언제나 비참한 결말을 맞이하지만, 반면 고마움을 많이 느끼는 관계는 서로 우정과 사랑이 애틋해집니다. 당신이 부디 기억하며 살아갔으면 좋겠어요. 당신 곁에 머무는 그 사람은 당신만큼 소중하고 존중받아야 할 존재라는 것을. 그렇게 소중한 존재가 곁에 머물고 있다는 사실에 고마워하고 더 잘해주어야 한다는 것을.

  서로 미안한 감정들만 쌓아가며 상처받기엔 늘 사랑만 주고받아도 아쉬운 만남이잖아요.

믿으면 안 되는 사랑

그때 날 사랑한다는 당신의 말을 전부 믿으면 안 되는 거였는데. 날 행복하게 해줄 자신이 있다는 그 눈빛을 전부 믿으면 안 되는 거였는데.

그렇게 따듯하고 눈부셨던 당신의 눈빛은 얼마 가지 않아 금방 차가워지고 결국 당신도 내 곁을 떠나버렸잖아요. 사랑은 전부 믿거나 쉽게 받아들이면 안 되는 건가 봐요. 뭐든지 반만 믿고 반은 의심할 줄 알아야 하나 봐요.

결국 남는 건 당신의 흔적뿐인 걸 모르고 나만 바보같이 다 주고 말았잖아요. 처음부터 나만 모르고 있었나 봐요. 어차피 남는 건 당신에 대한 추억과 나 혼자뿐이란 걸.

이해는 하지만 서운하다는 말의 의미

　상대방의 입장을 이해하지만 서운함을 느끼는 사람들이 있습니다. 몇몇 사람들은 이해한다면서 왜 서운하냐고 꾸짖으며 오히려 서운함을 느끼는 상대방에게 상처를 주는 경우가 대부분이에요.
　허나 그 사람의 입장을 아무리 이해해도 서운함은 느끼게 될 수밖에 없습니다. 이해는 이성적인 부분의 문제이고, 서운함은 감정적인 부분의 문제니까. 화는 참을 수 있겠지만 서운함은 참기 힘든 법이니까.
　부디 당신이 기억하며 살아갔으면 좋겠어요. 사랑하는 마음이 클수록 서운함도 비례하게 된다는 것을. 서운함을 안아주는 순간부터 관계가 애틋해지기 시작한다는 것을.

사랑이란 것

 이제야 알게 되었어요. 사랑은 어쩔 수 없이 주는 것이 아니라 다 주고 나서도 전혀 아까워하지 않는 마음이란 것을. 서로의 잘잘못을 전부 따져가며 용서를 하는 것이 아니라 사랑하는 마음이 너무나 커서 그 사람을 믿고 용서하게 될 수밖에 없다는 것을.

 내 주변 사람들이 아무리 그 사람 욕을 해도 "왜, 나는 그래서 더 좋던데."라며 상대방을 늘 좋게 봐주고 보호해 주고 싶은 마음이란 것을. 어쩔 수 없는 이유로 이별 통보를 받았을 때마저 그 사람에게 상처가 될까 봐 쉽게 붙잡지도, 끝이라고 해서 상처 주는 말을 내 맘대로 하지 못한다는 것을.

 나를 떠나가는 뒷모습마저 사랑스러운 그 사람이 다른

사람 곁에서 웃을 생각을 하면 가슴이 찢어질 듯한 통증과 뜨거운 눈물이 샘솟게 된다는 것을.

사랑이 아니라 미련이었을 뿐

 문득 지난날들을 돌이켜보면, 그동안 우리가 해왔던 모든 것은 사실 사랑이 아니었던 게 아닐까란 생각이 들곤 해요. 왜, 그런 말도 있잖아요. 너무 아픈 사랑은 사랑이 아니었다는 말. 어쩌면 그 말처럼 우리가 서로를 사랑했다고 믿었던 시간은 모두 그저 미련투성이였던 것일지도 모르겠어요.

 당신이 알던 나는 이미 죽었는데, 내가 알던 당신은 이미 죽었는데, 서로 함께해온 시간들이 너무 아까워서 어쩔 수 없이 붙들고 사랑이라고 세뇌시킨 걸지도 모른다는 생각이 들었어요. 그렇게 이미 끝난 사랑을 붙잡고 오랜 시간을 서로에게 상처만 주고 항상 서로의 예쁜 부분을 칭찬해주었던 우리가 이젠 서로의 모난 부분을 깎아내리려고만 했단 것을 이제야 깨달았을 때, 나는 비로소 느끼게 되었던 것 같아요.

 아, 우리, 사랑이 아니었던 거구나.
 그저 미련만이 섞인 관계를 억지로 이어나갔던 것뿐이구나.

미련을 품으면 안 되는 이유

 이미 끝난 사랑에 미련을 품고 상대방을 붙잡는 짓은 절대 하지 말아야 합니다. 당장은 좋을지 몰라도 나중에는 두 사람 모두가 비참해지는 길이 될 테니까. 결국 미련은 지금도 사랑하고 있기 때문에 생기는 것이 아니라 지금껏 사랑했던 시간들이 아까워서 생기게 되는 것이니까.

 우리, 지나간 사랑에 괜한 아쉬움을 남기며 서로 더 비참해지진 말도록 해요. 사랑은 사랑으로 치유해야만 하고 분명 더 좋은 사랑이 당신을 따듯하게 감싸 안아줄 테니까.

III

이 책이 당신의 봄이 되기를

요즘 어때, 많이 힘들지

요즘 많이 힘들죠. 몸도, 마음도요. 일상은 점점 지쳐가는데 상처는 더욱 쌓여만 가고, 소중하다 믿었던 관계에서 서운함을 느낄 때도 많죠.

그래도 당신은 정말 예쁜 사람이니까. 너무 상처받고 아파하지 말았으면 좋겠어요. 지금 하고 있는 일, 사랑, 또는 인간관계가 기대만큼 잘 안 된다며 토라지거나 혼자 우울해하진 말았으면 좋겠어요.

매 순간이 힘들고 지치는 요즘이지만 세상 누구보다 가장 예쁜 꽃을 피울 당신이니까. 분명 잘 될 거예요. 지금껏 충분히 잘해왔던 것처럼.

사소하지 않은 것들

 사소한 행동에도 쉽게 상처받는 당신의 잘못이 아니라 사소한 행동으로 상처 주는 그 사람이 잘못한 거예요. 별것 아닌 일로 서운해한다며 스스로를 자책하지 말아요. 별것 아닌 일도 신경 써주지 않는 상대방이 잘못한 거예요. 당신이 찌질하고 집착하는 것이 절대 아니에요.

 그저 당신을 소중히 여기지 않고 소홀히 대하는 사람들의 잘못일 뿐이니까요. 당신 잘못한 거 하나도 없어요. 진심이에요.

이제 꽃길만 걷기로 해요

사람 마음이란 것이 참 그렇죠. 내가 말하지 않으면 결국 상대방은 알 수 없다는 걸 알면서도 상대방이 먼저 내 마음을 알아주고 이해해주길 바라는 게 참 이기적인 사람 마음이니까.

내 사람이다 싶어서 잘해주고 많이 기대했던 마음의 크기만큼 많이 실망했던 날들과 서로 상처만 주고 돌아섰던 인연들 때문에 당신의 마음이 얼마나 지치고, 외롭고, 또 아팠을까요.

제발 바라건대, 이제 당신이 걷는 길은 꽃길만 같았으면.

충분히 아파할 것

 나는 힘을 낼 기운이 없어 주저앉았을 뿐인데, 주변 사람들은 나에게 힘내라는 말만 늘어놓곤 해요. 기쁘고 행복할 때 이 순간을 누리고 즐기라고 말하듯이, 아플 때도 충분히 아파해줘야 할 텐데 말이에요.

 그러니 아파할 기간을 두고 충분히 아파해도 괜찮습니다. 억지로 죽어라 버텨내지 않아도 괜찮습니다. 상처라는 것은 크기가 크든 작든 겉으론 보이지 않아도 흉터가 남기 마련이니까.

 그동안 슬픔과 아픔을 참아내느라 많이 지쳤을 테니 아프지 않은 척, 아무렇지 않은 척, 다 괜찮은 척하며 홀로 아프고 외로운 새벽을 지새우지 않아도 괜찮습니다. 남몰래 울며 스스로를 달래는 하루를 보내도 괜찮습니다.

이 또한 곧 지나갈 테니까 모든 것이 성숙해지는 과정이라 생각하였으면.

괜찮아, 잘하고 있어

 요즘 많이 불안하진 않나요? 현실적인 문제들 때문에 가끔 새벽마다 고민과 걱정에 잠기고는 하죠. 어쩌면 당신 스스로가 참 못났다는 생각이 들 수도 있어요. 하지만 절대 아니라고 말해주고 싶어요. 당신은 부족한 점 하나 없고 머리부터 발끝까지 모든 것이 소중하고 가치 있는, 항상 존중받고 사랑받아야 마땅한 그런 사람이니까.

 오늘 밤은 너무 불안해하지 말았으면 해요. 괜찮아요, 충분히 잘하고 있으니까.

사랑받기 위한 삶

내 마음에 상처 주면서까지 지켜내야 할 관계는 없습니다. 지금 누군가가 나를 힘들고 아프게 만든다면 그런 관계는 미련 없이 정리하라고 말해주고 싶어요. 그런 사람들을 만나려고 소중한 당신이 태어난 건 아니니까.

부디 이 사실을 잊지 말았으면 좋겠어요. 과분한 사랑을 받기 위해 태어난 당신이라는 사실을.

참 애쓰며 살아온 당신에게

요즘 살아가는 건 어때요? 생각보다 많이 힘들고 지치진 않나요? 인간관계는 실망감과 배신감만 느껴지고, 학업이나 직장에선 남들보다 뒤처지는 것만 같아서, 새벽마다 고민과 걱정이 차올라서 잠자리를 설치는 순간들도 참 많았을지도 모르겠습니다.

억지로 버텨내며 아등바등 살아온 당신에게 따뜻한 말인 척, 무작정 잘될 거란 가식뿐인 말보단 그동안 참 애썼다며 무너져 내린 어깨를 토닥여주고 싶은 마음뿐이에요.

더 잘할 필요도 없고 덜 잘해도 좋으니까. 우리, 잠시 쉬었다 가기로 해요. 내일은 정말 행복만 하기로 해요. 어제처럼 또 아프지 말고. 알았죠.

네 잘못이 아니야

 당신이 너무 착해서 그래요. 당신이 너무 예쁜 사람이어서. 마음씨도 너무 예쁘다 보니 나에게 다가오는 사람들한테 더 잘해주게 되고, 마음을 쉽게 주고 마음을 쉽게 버리는, 사람을 쉽게 갈아타는 나쁜 사람들에게 상처받는 거예요.

 당신은 부족한 점 하나 없고 미움받을 이유도 없는 사람이에요. 사랑을 듬뿍 받으며 행복해할 자격만 있죠.

있는 그대로, 참 예쁜 사람

혼자서 왜 자꾸 우울해하고 그러세요. 당신을 사랑해주는 사람이 아무도 없다고 느껴지는 요즘은 아닌가요. 역시 세상에 믿을 사람은 없다고, 모두가 상처만 주고 돌아설 뿐이라며, 지나간 인연들을 많이 원망하며 아파하진 않을까 걱정이 되는 밤이에요.

물론 거짓말처럼 들릴지도 모르지만 당신은 정말 소중한 사람이라고 말해주고 싶습니다. 당신은 사소한 부분들마저 너무 예쁜 사람이에요. 아니, 당신에게 사소한 점이 어디 있어요. 모두 소중한 부분들이죠.

당신은 소중함이란 소중함은 모두 품고 있는 사람이니까. 세상 누구보다 값지고 하나뿐인 아름다운 사람이니까. 너무 스스로를 미워하지 않아도 괜찮아요. 있는 그대로의 모습이 참 예쁜 당신이니까.

속마음을 표현한다는 것은

 타인에게 속마음을 표현한다는 것은 생각보다 어려운 일이에요. 남이 볼 때는 전혀 아무렇지 않게 보일지 모르지만, 속마음은 누구보다 타들어가는 중일지도 모르겠어요.

 힘든 마음을 털어놓으면 그게 약점이 될까 봐 겁이 나서. 나만 어리광을 피우는 것만 같아서. 겉으로는 가장 강한 사람인 척하지만 사실 누구보다 강한 척을 잘하는 당신인 걸 알기에.

 당신의 마음이 아프진 않은지, 당신의 새벽이 아프진 않은지, 아등바등 살아가는 당신에게 위로를 건넵니다. 그 어떤 말보다 수고했다는 말을 먼저 전해드리고 싶어요. 부디 오늘은 덜 아프고 더 편안한 새벽을 맞이하길 바랄

게요.

 애써 숨기느라 고생 많았고 애써 억지웃음 짓느라 고생이 참 많았어요. 그동안 정말, 수고했어요.

내가 좋아하는 사람

　그냥 내가 좋아하는 사람 만나세요. 말 예쁘게 해주는 사람. 내 생각보다 나를 훨씬 아껴주는 사람. 이성 관계가 복잡하지 않은 사람. 전부 좋은 사람이지만 내가 좋아죽을 만큼 사랑하는 사람을 만나야 가장 행복해요.
　그럴싸한 말들로 포장하여 이 사람 저 사람 만나라는 것보단, 당신 스스로가 정말 행복감을 느낄 수 있는 연애를 했으면 하는 바람이에요. 나를 사랑해주지만 내가 좋지 않은 사람보단, 내가 좋아서 죽을 정도로 사랑하는 사람을 만나야 조금 더 행복해질 수 있을 테니까요.

표현은 많이 서툴러도 항상 사랑하는 마음뿐

내가 표현은 많이 서툴러도 항상 사랑하는 마음뿐인 거 알죠. 나는 그리 대단한 사람도 특별한 사람도 아닌데, 이런 나라는 사람을 좋아해주고 사랑해줘서 정말 고맙다는 말을 전하고 싶어요.

당연한 사이여도 절대 당연하게 생각하지 않고 당신의 사소한 부분마저 사랑해주는 사람이 될게요. 익숙함에 속았을 때마저 당신을 사랑하고 아껴주는 사람이 되도록 많이 노력할게요. 가끔 내가 실수로 서운한 말을 내뱉더라도 마냥 진심은 아니라는 걸 알아줬으면 좋겠어요. 당신은 내게 세상 누구보다 우선순위인 사람이니까.

내가 정말, 진심으로 사랑해요. 너무 좋아서 죽을 정도로 말이에요.

진짜 사랑을 해본 사람만 알고 있는 것들

 사랑을 믿어 보고 또 무너져 본 사람이라면 알고 있습니다. 연애가 항상 달콤한 순간만 있는 것은 아니라는 것을. 가슴 뛰는 시간이 있을수록 가슴 아픈 시간도 있는 법이라는 것을. 함께 웃었던 시간은 추억이 되어 헤어지고 난 뒤 나의 새벽을 아프게 들쑤신다는 것을. 그 사람의 있는 그대로의 모습을 받아들일 수 있어야 사랑이라는 것을. 잘해준 사람이든 못 해줬던 사람이든, 미련을 느끼는 정도가 다를 뿐 헤어지면 누구나 가슴속에 작은 미련 하나쯤은 품고 살아간다는 것을. 그렇게 우린 남이 되어 평생 죽도록 아파할 것 같지만, 새로운 사랑이 찾아오면 금세 소중했던 과거를 잊어버린다는 것을.

무뚝뚝한 사람

　겉으로는 조금 무뚝뚝해 보일지 몰라도 속마음은 세상 누구보다 날 아껴주고 사랑해주는 사람을 만나세요. 그런 사람은 항상 입이 무거운 편이라서 뒤에서 나에 대한 이야기를 함부로 하지 않고, 내가 힘들 때나 도움이 필요하다는 소식이 들리면 가장 먼저 달려와 줄 사람일 테니까.
　물론 말주변이 좋고 유머 감각이 있는 사람도 곁에 두면 즐겁겠지만, 삶이 지치고 고달플 때 말없이 어깨를 토닥여주는 사람을 곁에 둔다면 내가 쓰러지지 않게 지지해줄 수 있는 든든한 버팀목을 얻은 것과 마찬가지니까요.

오늘은 좀 어땠어요

 아무렇지 않은 척하느라 많이 힘들었죠. 남을 위한다는 게 꽤나 어려웠죠. 나를 위한다는 게 꽤나 서툴렀죠. 생각보다 많이 지치고 망가지진 않았나요. 사랑받는 모습들과 아름다운 미소가 세상 누구보다 잘 어울리는 당신인데.
 웃는 얼굴이 참 예쁜 당신, 이제 울지 말아요.

너도 그런 사람 만나야지

 마음씨가 참 따뜻하고 예쁜 사람. 앞에서만 잘해주는 척 가식 떨지 않고 뒤에서도 나에 대한 이야기를 함부로 하지 않는 사람. 힘들 때는 아무 말 없이 따뜻하게 안아주는 사람. 다툼이 생겼을 때는 먼저 미안하고 사랑한다며 나를 위해 자존심을 굽히며 먼저 사과를 하는 사람. 나를 위해 자신의 모든 것을 아끼지 않는 사람. 내가 어떤 사람이든, 무슨 일이 생기든 무조건 내 편이 되어주는 사람.

고마움을 표현한다는 것은

고마움을 표현한다는 것은 다툼 끝의 사과만큼이나 관계를 맺어나가는 과정에서 정말 중요한 일입니다. 평소에는 종종 고맙다는 표현이 부끄럽고 서툴게만 느껴지는 순간들이 많아요. 표현이 서툴다는 것은, 그만큼 상대방에게 표현을 자주 하지 않았다는 증거이기도 해요. 그만큼 상대방의 배려를 당연하게 생각했던 것은 아닐까요.

당신이 제발 기억했으면 좋겠어요. 표현은 하면 할수록 좋다는 것을. 고마울 땐 고마워, 사랑할 땐 내가 정말 사랑해. 이런 잦은 애정 표현을 통해 관계의 끈을 늘려나가는 것이 현명한 방법이라는 사실을.

익숙함에 익숙해지지 말고 소중한 것을 소중하게 다뤘으면. 놓치고 나서 후회하지 말고 곁에 머물러줌에 항상 감사함을 표현했으면.

너에게 전하는 안부

 입만 열면 살기 싫다는 말과 한숨밖에 안 나오는 요즘은 아닌가요. 인간관계는 내 마음대로 되지 않고 학업, 직장과 같은 현실적인 문제에 많이 방황하기도 하죠.
 연애에선 지난 상처가 지워지질 않아서 다른 누군가에게 마음을 주는 일 또한 망설여지진 않는지, 쉴 새 없이 쏟아지는 상처 때문에 네 마음이 많이 시들어가진 않았는지, 당신의 안부가 참 걱정되는 날이에요.
 그런데, 있잖아요. 당신은 지금 너무 잘하고 있어요. 그렇게 아픔을 끌어안고서 잘만 버텨내고 있잖아요. 당신은 세상에서 제일 강하고 끈기 있는 사람이에요. 그러니까 너무 괴로워만 하지는 말았으면 좋겠습니다.
 오늘 새벽은 어떤 예쁜 말을 해서라도 당신의 걱정과 불안을 덜어주고 싶었어요. 오늘도 남몰래 아파하느라 수고가 참 많았어요. 긴 밤 잘 자요. 예쁜 꿈 꾸고.

아침

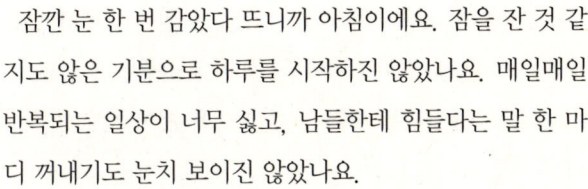

잠깐 눈 한 번 감았다 뜨니까 아침이에요. 잠을 잔 것 같지도 않은 기분으로 하루를 시작하진 않았나요. 매일매일 반복되는 일상이 너무 싫고, 남들한테 힘들다는 말 한 마디 꺼내기도 눈치 보이진 않았나요.

당신이 지금껏 얼마나 힘든 아픔을 몰래 숨겨 왔을까요. 제가 감히 짐작할 수 있겠냐마는 당신은 아마 당신 주변에서 가장 강한 사람일 거예요. 이렇게나 잘 견뎌내고 있으니까요.

오늘 하루도 열심히 잘 버텨줘서 고마워요. 어떠한 힘든 일이 있을지도 모르지만, 아직 일어난 건 아니니까 너무 걱정하지는 말기로 해요. 오늘은 행복하기만 하기로 약속해요, 알았죠.

평범해도 아름답다

사람이라면 누구나 돋보이고 싶고, 특별해 보이고 싶은 마음과 그런 순간들이 있어요. 모두에게 좋은 모습만 보이고 싶고, 남들과는 달라 보이고 싶은 것이 사람 마음이니까.

그렇다고 왜 나는 남들보다 특출나게 잘하는 것이 없을까, 나는 왜 이렇게 평범하기 짝이 없는 사람일까, 이런 우울한 생각들로 스스로 자존감을 떨어트리지 말았으면 좋겠어요. 특별한 사람이 아니라고 자책할 필요도 없어요. 당신은 지금 살아가는 것 자체만으로도 충분히 의미 있는 존재니까.

조금은 평범해도 괜찮고, 평범한 일상 속에 무너져도 괜찮아요. 일상 속에 지쳤어도 당신은 충분히 멋진 사람이니까. 평범한 삶을 살아가는 당신에게, 나 자신은 충분히 아름다운 사람이라며 스스로에게 따듯한 격려를 하며 살아갔으면 좋겠습니다.

나와 맞는 사람

인간관계는 나와 맞는 사람을 찾아가는 과정이 중요해요. 내 아픔과 힘듦을 아무리 털어놔도 결국에는 방관하는 사람이 있고, 내가 굳이 말하지 않아도 먼저 내 마음과 상황을 이해하려 노력하고, 나 자신도 감당하지 못한 우울과 슬픔을 끌어안아 주려는 사람도 있습니다. 애초부터 나를 이해하려는 마음이 없는 사람에게 따스한 안아줌을 바라는 것은, 스스로를 망가뜨리고 상처 입히는 지름길일 뿐이에요.

굳이 나와 맞지 않는 사람들 틈에서 상처받지 않아도 괜찮아요. 어차피 당신에게 다가올 좋은 인연은 널리고 널렸으니까. 세상에 온전히 당신을 사랑해줄 사람은 많으니까. 그중에서도 가장 배려심 많고 이해심이 깊은 사람이 찾아와선, 차갑게 얼어버린 당신의 아픈 마음을 따스히 끌어안아 줄 테니 말이에요.

말까지 예쁘게 하는 사람

　말만 예쁘게 하는 사람 말고 말까지 예쁘게 하는 사람을 만나세요. 단순히 예쁘고 달달한 말을 잘하는 사람이라고 해서, 속마음까지 좋은 의도일 거라고 쉽게 단정 지을 순 없으니까. 오히려 달콤하고 예쁜 말로 겉모습을 포장하며 다가와선 당신의 마음이나 가진 것들을 이용하려는 사람들투성이니까.

　어차피 그렇게 다가온 사람들은 당신의 쓸모가 사라지는 그 순간, 그동안 숨겨 왔던 본 모습과 성품을 보이고 하나둘씩 떠나가기 마련이에요. 예쁜 말로 당신을 유혹해서 이용하려는 사람 말고, 마음씨가 너무 예쁘다 보니 말투에서도 나를 사랑하는 마음이 느껴지는, 예쁜 꽃 같은 사람만 만나서 예쁜 꽃밭 같은 인생을 살았으면.

식지 않는 것에 더욱 집중하세요

쉽게 달아오르는 사랑은 쉽게 식어버린다는 단점이 있습니다. 처음에는 상대방이 그저 좋아서, 내가 조금이라도 호감이 있다면 마치 그 사람을 좋아하고 있다고 착각해 일단 사귀고 보자는 식으로 가벼운 연애를 시작하는 사람들도 참 많아요. 그러나 그런 사랑은 시간이 지날수록 상대방의 보이지 않던 단점이 보이기 시작하며, 그로 인해 마음도 빠르게 식어가기 마련입니다.

당신이 순간의 설렘이 아닌, 오랫동안 애틋함을 느낄 수 있는 연애를 했으면 좋겠습니다. 부디 예전보다 뜨거워지는 것이 아닌 예전보다 식지 않는 것에 집중하였으면. 그렇게 두 사람이 오로지 어여쁜 사랑만 주고받으며 행복한 연애를 해나갔으면 하는 바람뿐이에요.

함께

　함께라는 말을 좋아해요. 함께 밥을 먹는 것을 좋아하고, 함께 영화를 보는 것도 좋아하고, 가장 좋아하는 것은 함께 마음을 나누는 일이에요.
　꽤나 고달픈 하루 끝에 너의 하루는 괜찮았냐며 온전히 안부를 묻고, 나의 하루도 괜찮았다며 서로의 지친 마음을 달래주는, 그런 연애를 너무나도 하고 싶어지는 요즘이에요.

나를 온전히 사랑해주는 사람

나를 온전히 사랑해주는 사람을 만났으면 좋겠어요. 나의 장점만 보고 다가오는 사람 말고, 나의 단점까지도 온전히 받아들이고 사랑해주는 사람. 화가 나는 일이 생기더라도 나를 좋아하는 마음 때문에 나에게 상처 되는 말과 행동을 함부로 하지 않는 사람. 내가 저지른 실수가 크든 작든, 넓은 마음으로 안아주며 오로지 나의 곁에 오랫동안 머물러줄 수 있는 사람. 오랫동안 보지 않았어도 오랫동안 보고 싶어지는 그런 사람.

나만 물음표가 아닌 연락이 최고다

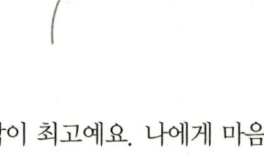

 나만 물음표가 아닌 연락이 최고예요. 나에게 마음이 없는 사람을 사랑해봤자 무슨 소용인가요. 물론 사랑은 계산하지 않고 아낌없이 주는 거라지만 나의 평범한 일상조차 궁금해하지 않는 사람에게 혼자서만 계속 마음과 관심을 주다 보면 언젠가는 지쳐버리기 마련이니까.

 연락 문제로 당신을 서운하게 만들지 않는 사람을 만나세요. 당신에게 소홀히 대하지 않고 항상 소중히 대하는 사람을 만나세요. 나의 가치를 알아주는 사람을 만나도 충분히 아깝고, 있는 그대로의 모습이 참 소중한 당신이니까요.

이런 남자를 만나야지

아침에는 잘 잤냐고, 예쁜 꿈 꿨냐면서 내가 일어나기 전에 미리 장문의 문자를 보내주는 남자. 사랑한다는 말을 전화 걸어 목소리로 들려주는 그런 남자. 나 요즘 살찐 거 같다며 거울 앞에서 투덜댈 때마다 너는 너무 말랐다며, 조금 쪄도 괜찮다고 말해주는 남자. 그냥 예쁘다는 말 한 마디가 아닌, 내가 어느 부분에서 사랑스럽고 예쁜지 자세하게 설명해줄 수 있는 남자. 있는 그대로의 나를 받아들이고 또 사랑해주는 그런 남자. 함께할 때 나의 자존감을 높여주는, 그런 남자.

이런 연애를 하고 싶다

　함께할 때 나를 향한 사랑과 다정함을 느낄 수 있는 연애. 매번 사랑을 확인하지 않아도 되는 편하고 안정적인 연애. 서로가 삶의 이유이자 버팀목이 되어줄 수 있는 든든한 연애. 주변 사람들의 말에 쉽게 흔들리지 않을 수 있는 단단한 연애. 자주 다툼이 일어나도 헤어지잔 말을 무기로 삼지 않는 연애. 때론 가족같이 편안하고 때론 친구처럼 즐겁게 지낼 수 있는 연애. 사랑한다는 말 한 마디에 웃음꽃이 무수히 피어나는 연애. 잦은 서운함과 오해가 쌓이지 않고 애틋함과 행복만이 쌓여가는 연애.

편안한 사람

 함께 붙어 있으면 마음이 편안해지는 사람이 있어요. 시시콜콜한 이야기만 해도 전혀 시간이 아깝지 않은, 곁에 있는 그 자체만으로 위로가 되어주는 그런 사람. 내 상황이 어렵고 힘들어져서 고민을 털어놓고 싶어질 땐 아무 말 없이 들어주고 소리 없이 안아주는 그런 사람.

 만약 이런 편하고 다정한 사람이 당신의 곁에 머물고 있다면 무슨 일이 있더라도 절대 놓치지 말아요. 아주 오랫동안, 당신의 곁에서 든든한 버팀목이 되어 줄 사람이니까.

나를 위해 살아갈 것

 매 순간 나를 사랑해주고 아껴줄 마음이 있는 사람들과 함께하는 편이 좋습니다. 어차피 나를 좋지 않은 시선으로 보는 사람들은 어디에나 있기 마련이니까요. 굳이 그런 사람들의 마음을 돌리려고 억지로 이미지를 가꾸며 인간관계에서 마음고생을 달고 살아갈 필요는 없다고 말해주고 싶습니다. 그런 사람들은 내가 아무리 잘 보이려고 애를 써도 좋지 않은 시선으로 날 바라보고 자기 멋대로 판단하려 할 테니까요.

 반면 나를 정말 좋아해주고 내가 무얼 하든, 어떤 사람들을 만나든 격려해주고 응원해주는 사람들도 분명 존재하기 마련이에요. 날 싫어하는 사람들에게 그냥 싫은 소리 몇 번 듣고, 날 진심으로 사랑해주는 사람들과 함께하는 편이 훨씬 마음 편할 거예요. 굳이 남의 눈치를 보면서 살아갈 필요 없습니다. 내 인생이니까 나를 위해서 사는 게 가장 현명한 방법이에요.

그런 사람이 되고 싶다

사소한 일에 쉽게 자책하지 않고 높은 자존감과 자신감을 유지할 수 있는 사람. 다른 사람의 평가에 내 기분이 쉽게 오락가락하지 않는, 무던하고 단단한 마음가짐이 있는 사람. 처음 보는 사람을 쉽게 믿고 의지하지 않고, 내 마음을 신중하게 내어줄 수 있는 판단력을 가진 사람. 내 주변 사람들이 힘들어할 땐 든든한 버팀목과 위로가 되어줄 수 있는 사람. 자신감을 가지고 내가 주인공인 인생을 살아갈 수 있는 멋있고 용감한 사람.

쉬운 사랑은 없다

 연애가 항상 좋을 수는 없어요. 가끔 상대방에게 몹시 서운할 때도 있고, 이 사람은 왜 이렇게까지 내 마음을 몰라줄까, 마냥 실망스럽기만 하고 때론 다툼이 잦은 시기에 마음이 지쳐갈 때도 있기 마련이죠.

 하지만, 세상에 쉬운 사랑이 어디 있겠어요. 그렇게 하나하나 맞춰나가다 보면 서로 다른 삶을 살아온 두 사람이 '우리'라는 하나의 존재로 탄생하게 되는 거고, 행복한 연애는 그때부터 시작하는 거죠.

 너무 상대방을 원망하지 말고 서로에게 맞춰나가고 상대방을 먼저 이해하려는 노력을 해보도록 해요. 그렇게 차근차근 노력하다 보면 분명 그런 시기가 찾아올 거예요. '아, 이 사람과 연애하길 잘했다' 이렇게 생각되는 시기.

사소한 일에도 서운함을 많이 느낀다는 것은

 사소한 일에도 서운함을 많이 느낀다는 것은 그만큼 상대방을 사랑하고 그 관계를 무척 소중히 여긴다는 증거에요. 허나 상대방은 먼저 말하지 않으면 내 마음을 알아주지 못하는 경우가 많아요. 바로 그때부터, 소중했던 관계가 하나둘씩 무너지게 됩니다.

 당신이 제발 기억했으면 좋겠어요. 당신 곁에 있는 그 사람은 사실 별것 아닌 것 같아도 누군가에게는 보고 싶은 사람이자 누군가에게는 안고 싶은 소중한 존재라는 사실을. 그런 귀중한 사람이 곁에 있다는 사실에, 기뻐하며 고마움을 잊지 말았으면 좋겠습니다. 정말 있을 때 잘 해야 돼요. 나중에는 후회해도 소용없으니까.

만약 당신을 사랑하는 이유를 묻는다면

만약 당신을 사랑하는 이유를 묻는다면 나는 이렇게 대답할 거예요.

"다른 누군가가 아니라 당신이어서. 다른 여자가, 다른 남자가 아니라 온전한 당신이어서. 당신만의 냄새가 정말 좋아서. 당신만의 성격이 참 좋아서. 당신만의 말씨가 너무 예뻐서. 당신의 덜렁거림조차 사랑스러워서. 별다른 이유 없이 사랑에 빠졌습니다. 당신이라는 축복과 함께 말이죠."

사랑받으려 애쓰지 마라

나에겐 따뜻한 사람일지라도 누군가에겐 차가운 사람일 수 있고, 나에겐 무뚝뚝하고 매정한 사람일지라도 누군가에겐 따뜻하고 다정한 사람일 수 있습니다. 세상에 마냥 차가운 사람은 없어요. 다만 그 다정함의 대상이 내가 아닐 뿐이죠.

어차피 날 사랑해줄 마음이 없는 사람에게 사랑받는 것을 기대하거나, 그 사람에게 받은 것에 비해 더 많이 베풀며 혼자 손해를 볼 필요는 없어요. 그냥 상대방에게 마음을 받은 만큼만 돌려주고 사는 편이 차라리 마음 편합니다.

소중하고 아름다운 사람아, 굳이 사랑받으려 애쓰지 않아도 괜찮아요. 있는 그 자체만으로 이미 사랑받을 자격이 충분한 아름다운 당신이니까.

말을 함부로 하면 안 되는 이유

인간관계에선 말을 함부로 해서는 안 됩니다. 쓸데없는 말을 되도록 아껴야 하고 최대한 조심스럽게 내뱉어야 해요. 원래 인간관계라는 것이 말 한 마디로 애틋해질 수 있고, 말 한 마디로 상대방의 마음을 차갑게 식힐 수도 있으니까. 나에겐 별다른 의도가 없는 말과 행동일지 몰라도 결국 받아들이고 해석하는 것은 온전히 상대방의 몫이니까.

듣는 사람을 비참하게 만들고 상처 줄 수 있는 말이라면 그런 말은 애초부터 아끼고 그냥 입을 다무는 편이 좋습니다. 우리, 상대방에게 상처 주는 말을 내뱉을 시간에 예쁜 말과 다정한 말투를 연습하기로 해요. 다정함이 섞인 예쁜 문장들은 관계의 틈을 아름답게 메꿔갈 테니까요.

너만 모르는 것들

 당신은 모르죠. 당신이 얼마나 예쁜 사람인지. 있는 그대로 얼마나 소중한 존재인지 말이에요. 왜 항상 당신을 특별하게 여겨주는 사람 말고 당신을 무시하는 사람만 곁에 두고 혼자 미련하게 상처를 받고 그러세요. 그런 사람들한테 너무 매달리지 말아요. 혼자 자존감을 너무 깎아내리지도 말고요. 당신이 세상 누구보다 소중한 존재인 만큼, 당신의 자존감 또한 무척 소중한 것이니까.
 험한 말로 내 자존감을 깎아내리는 사람 말고, 예쁜 말로 내 자존감을 높여주는 그런 사람 만나세요. 더 이상은 당신이 혼자 아파하지 말았으면 하는 마음뿐이에요.

괜찮지 않아도 괜찮아

 많이 무너져도 괜찮아요. 많이 느려도 괜찮아요. 무슨 일이 있더라도 무조건 괜찮아요. 상처를 받으면 누구라도 무너질 수밖에 없는 거예요. 다시 일어서지 못하는 순간도 참 많을 수밖에 없고, 지금은 그 어떤 위로보단 당신이 충분히 잘하고 있다는 말을 전해주고 싶어요. 최선을 다 했다면 이미 그걸로 충분히 잘한 거예요. 남들 기대에 부응하려고 스스로를 괴롭히지 않아도 괜찮아요.

 자존감이 떨어질 땐 항상 기억하세요. 당신은 당신 생각보다 훨씬 괜찮은 사람이란 사실을.

상처받지 않아도 되는 이유

　당신은 더 이상 사람에 아파하고 사람한테 상처받지 않아도 됩니다. 나를 장난감 다루듯이 대하는 사람 말고 진심으로 소중히 대해주는 사람을 만나세요. 나를 걱정하게 만드는 사람 말고 먼저 걱정하고 생각해주는 사람 만나세요. 나를 아프거나 슬프게 만들어서 눈물 흘리게 만드는 사람 말고 매 순간 사랑받고 있다는 사실에, 너무 기뻐서 눈물 흘리게 만드는 사람 만나세요.
　당신은 잘 모르겠지만, 모두가 알고 있는 사실이 하나 있습니다. 당신이라는 사람은 정말 아깝고 세상 누구보다 아름다운 존재란 사실 말이에요.

오늘보다 아름다울 것

　오늘 하루도 참 수고 많았습니다. 듣기 싫은 말들을 듣느라, 보기 싫은 사람들을 만나느라 정말 마음고생이 심했겠습니다.
　혹시나 몸도 마음도 만신창이라서 마냥 아파하는 중은 아닙니까. 슬픔과 우울감을 감당하지 못해 무너진 하루는 아닙니까. 당신의 밤은 유독 색깔이 어둡지는 않습니까. 남들 다 잠든 새벽에 혼자 뒤척이며 불안해하진 않습니까.
　모두에게 잘해준 당신의 잘못이 아닙니다. 당신은 충분히 애썼습니다. 그러니 그만하면 되었습니다. 저는 말입니다. 언제든 당신이 기댈 수 있는 문장이 되어주고 싶습니다. 온전히 당신을 품을 수 있는 따스한 새벽이 되고 싶습니다.

 당신의 새벽이 많이 아플지는 모르겠지만, 지금 이 시간에도 당신을 생각하고 걱정하는 사람이 있다는 사실을 늘 기억했으면 합니다. 당신은 누군가가 당신을 걱정하게 만들고 신경 쓰이게 할 정도로 가치가 있는 사람입니다. 누군가의 새벽을 물들이고 누군가의 설렘의 출처가 될 정도로 매력이 충분한 사람입니다.

 그러니까 너무 자존감을 잃어버리진 마세요. 몸도, 마음도 영원토록 안녕했으면 좋겠습니다. 당신의 안녕이 나의 온전한 행복이니까. 당신의 아픔은 어찌 보면 나의 불행이기도 하니까. 이제 눈을 감고 잠을 청하였으면 합니다. 오늘보다 내일이 더욱 아름다울 당신일 테니.

이런 사람을 만나야 인생이 행복하다

내가 먼저 말하지 않아도 내 마음을 알아주려고 노력하는 사람. 나에 대한 헛소문이 아닌 온전히 나를 믿어줄 수 있는 사람. 나를 자꾸 오해하는 사람 말고 나를 항상 이해해주는 사람. 오랜만에 봐도 전혀 어색하지 않고 오히려 마음이 편안해지는 사람. 괜히 눈치 보지 않고 내 고민을 편히 털어놓을 수 있는 사람. 나의 아픈 상처와 약점을 알고 함부로 건드리지 않는 사람. 나의 부족한 부분들을 잘 알고 함께 채워가려 노력하는 사람.

오늘은 좀 어땠어요

 당신의 오늘은 어떠한 고민으로 가득했는지, 어느 누군가가 당신의 마음을 아프게 만들었고, 무엇이 오늘 하루를 버티게 했는지 궁금한 밤이에요. 언제나 애쓰며 버텨내는 모습에 마음이 참 아픈 밤이에요. 사랑하는 사람아, 오늘도 참 수고 많았어요. 잘 자요. 예쁜 꿈만 꾸고요.

쉽게 무너지지 마라, 금방 무뎌질 것이니

새벽만 되면 무너지는 순간들이 정말 많죠. 아무렇지 않게 일상생활을 보내더라도 갑작스레 찾아오는 불안감과 예전에 받았던 상처들이 떠올라서 애써 버텨왔던 마음이 와르르 무너지기도 하죠. 마냥 울고 싶은 마음뿐이진 않나요?

만약 그래도 괜찮다고 말해주고 싶습니다. 그렇게 여린 마음을 가지고 잘만 버텨냈다고 위로하고 싶은 마음이에요. 쉽게 무너지지 말았으면 좋겠어요. 지금껏 당신이 흘린 눈물은 결코 헛된 것이 아니니까.

힘들었던 시간만큼 보상 받아야 마땅한 사람아. 너무 쉽게 무너지지 말아요. 금방 무뎌질 테니까.

제자리걸음

제자리걸음인 사랑을 좋아합니다. 분명 제자리걸음이 좋은 의미로는 쓰이지는 않습니다. 시간이 변함에도 처음과는 변함이 없다는 뜻으로 자주 쓰이는 단어니까요.

허나, 누군가와 사랑을 하는 것에서는 분명 제자리걸음이라는 것은 좋은 말입니다. 그 사람을 사랑하는 마음이 변치 않았다는 증거니까. 그 사람이 보고 반한 내 첫 모습을 그대로 유지하고 있다는 말이니까. 여전히 우리의 사랑에는 권태기도 오지 않고, 계속 제자리걸음으로 한결같이 애틋한 사랑을 하고 있다는 증거이기도 하니까요.

그래서 저는 제자리걸음인 당신이 좋습니다. 제자리걸음인 우리의 사랑을 원합니다. 영원히 말이에요.

괜찮아, 다 잘될 거야

 괜찮아요. 다 잘될 거예요. 당신이 혼자 어떤 고민과 아픔을 감당하고 있는지 제가 함부로 가늠할 수는 없지만 누구보다 많이 생각하고 고민하며 누구보다 많이 아파했을 것만은 알아요.

 때론 그냥 포기하고 싶은 마음에 주저앉았던 순간들도 참 많았을 거고, 남몰래 속상함을 감추면서 아파했던 날도 많았을 거예요. 그래도 우리, 여기서 무너지진 말기로 해요. 지금 힘들고 아프다고 생각하는 시간도 언젠가는 흘러가고 괜찮아지기 마련이니까.

 당신의 힘들었던 순간들이 거름이 되어, 세상에서 가장 아름다운 꽃을 피울 거예요.

인생은 마라톤

요즘 매일 반복되는 일상이 지겹고, 해야 할 일들은 쌓여만 가니 몸도 마음도 많이 지쳐가는 하루는 아닐까요. 하지만 서두르라는 말로 당신을 부추기고 싶진 않아요. 오히려 잘하고 있다며 격려를 해주고 싶은걸요. 인생은 마라톤과 마찬가지니까.

남들보단 조금 속도가 느려도 마지막까지 완주해내는 당신의 모습은 누구보다도 멋지다고 말해주고 싶습니다. 걱정하지 마세요. 당신은 여전히 잘 나아가는 중이니까. 우리 조금만 더 버텨보도록 해요, 알았죠.

설렘이 식었다고 마음까지 식은 것은 아니다

연애 초기에는 누구나 상대방을 낯설어하기 때문에 그 사람의 갑작스러운 스킨십 또는 배려심 있는 행동에 설레곤 합니다. 하지만 시간이 흐르면 흐를수록 서로에 대해 더욱 많은 것을 알게 되고, 그러다 보면 설렘의 시간은 자연스레 줄어들고, 익숙함과 편안함의 시간이 늘어가기 마련이에요.

그렇다고 설렘이 식었다고 해서 마음까지 식었다는 말은 아닙니다. 상대방이 더 이상 당신을 사랑하지 않는다는 의미가 아니라는 소리예요. 마음을 조금 편안하게 가지고 이렇게 받아들였으면 좋겠습니다. 서로를 낯설어하고 불안해했던 시간이 드디어 끝난 거라고. 이제 서로에게 든든한 내 편이 되어줄 준비가 다 된 것이라고.

우리, 그렇게 생각하며 서로를 받아들이기로 해요. 사랑만 주고받기에도 늘 아쉬운 만남이니까.

사랑을 할 때 가장 중요한 것들

아마 사랑을 할 때 가장 중요한 것은 이 세 가지가 아닐까요?

예전보다 뜨거워지는 것이 아닌 예전보다 차갑게 식지 않는 것. 그 사람과 함께하는 시간을 당연하게 받아들이지 말고, 언제나 한결같은 마음으로 상대방을 온전히 사랑해줄 수 있는 것. 그렇게 너와 내가 하나가 되어 온전한 우리로 함께하는 것.

열심히 달려가다 지쳐버린 당신에게

요즘 몸도 마음도 너무 지쳐서 아무것도 하기 싫어지죠. 나는 그저 잠깐의 휴식이 필요하고 상냥하고 따듯한 안아줌이 필요한 것뿐인데, 매일 빠르게만 달려가는 일상에 점점 무기력해지고 우울해하고 있진 않나요?

그래도 지금 힘들어하는 당신에게 힘내라는 무책임한 말은 하지 않을게요. 힘든 사람에게 힘내라는 말처럼 기운 빠지는 말은 없으니까. 그럴 땐 힘내려고 너무 애쓰지 말고 조금은 쉬어가도 괜찮다고 말해주고 싶습니다. 지금보다 더 잘할 필요도 없고, 차라리 덜 잘해도 괜찮으니까.

너무 힘들어서 당장이라도 무너질 것만 같은 순간들이 찾아오는 날엔, 그저 이 사실을 기억하셨으면 좋겠습니다. 당신은 지금까지 충분히 잘해왔다는 것.

좋아한다는 것과 사랑한다는 것의 차이

좋아한다는 감정과 사랑한다는 감정은 서로 달라요. 좋아한다는 것은 상대방의 장점을 먼저 보고 그 사람을 만난다는 것이고, 사랑한다는 것은 상대방의 못난 부분마저 사랑스럽게 봐줄 수 있고, 그 사람의 상황, 환경에 상관없이 온전히 사랑해줄 수 있다는 뜻이니까요.

수많은 커플들은 상대방의 못난 부분을 지적하며 다투고는 해요. 결국 상대방과 나의 다름을 인정하지 못하고 헤어지는 경우들이 참 많습니다. 부디 당신은 비참한 결말을 맞이하는 연애를 하지 말았으면 좋겠습니다. 상대방의 못난 부분마저 사랑하고 안아줄 수 있는 사람이 되었으면.

행복해지기 위해 다짐해야 할 것들

　다른 사람들과 나를 비교하며 자존감을 떨어뜨리지 말기. 상대방이 베푸는 친절과 배려를 당연하게 생각하지 말기. 지나간 일과 사랑에 후회와 미련을 남기지 말고, 과거에 얽매이며 살아가지 말기. 내가 지금껏 버텨올 수 있었던 것은 예전부터 나를 격려해주고 응원해준 사람들 덕분이라는 사실을 잊지 말기. 다른 사람에게 너무 의존하며 내 행복을 남의 인생에서 찾아 헤매지 말기. 괜히 작은 다툼에도 자존심을 세우며 소중한 사람들을 떠나보내지 말기. 삶의 무게가 무겁게만 느껴지고 힘이 들 땐 잠시 쉬어가는 시간 또한 가져보기.

사랑을 할 땐 계산하지 마라

 사랑을 하다 보면 자꾸 계산을 하게 돼요. 내가 준 만큼 돌려받지 못했을 때 상대방에게 서운함을 느끼게 되고, 매번 사랑받고 있다는 느낌을 받지 못하면, 그 사람과 함께하는 순간들이 마냥 불안하게 느껴지기도 합니다. 연락을 할 때도 내가 두 번 연락하고 답신이 하나밖에 오지 않았을 때, 자존심은 밑바닥으로 내려가고 상대방을 마냥 원망하기도 하죠.

 허나 사랑과 관계에 있어서 일일이 따져가며 계산하는 습관은, 오히려 아무 잘못도 없는 상대방만 지치게 만들고 두 사람의 평온했던 관계마저 병들게 만들 수 있습니다. 이제 미련한 짓은 그만두고, 부디 기억하며 살아갔으면 좋겠어요. 상대방의 마음을 계산하기보단 온전히 받아들이기 위해 노력하는 쪽이 두 사람의 사랑이 더욱 애틋해질 수 있는 현명한 방법이라는 사실을.

누군가를 잊어간다는 것은

 사람을 억지로 잊으려고 너무 애쓰지 말아요. 누군가를 잊는다는 것은 말처럼 쉬운 일이 아니니까요. 누군가를 사랑해야지, 하고 사랑을 시작하는 것이 아닌 것처럼 이별의 아픔 또한 겪으면 겪을수록 익숙해질 수 있는 통증이 아니니까요.

 언제나 기억하세요. 아파해야 할 땐 억지로 참지 말고 충분히 아파해줘야 한다는 것을. 때론 펑펑 울어도 보고 후회스러운 마음에 가슴을 마구 쳐도 괜찮습니다. 나를 두고 떠난 그 사람을 맘껏 미워해보고 그리워하기로 해요. 이별의 아픈 기억에서 조금이나마 덤덤해질 때까지, 그렇게 나 자신을 달랬으면 좋겠습니다.

 언젠가는 다시 행복해질 날이 오겠죠. 그렇게 믿으면서 꿋꿋이 살아가요, 우리.

누구나 한 번쯤 그런 적이 있다

사랑을 잃지 않으려고 너무 애를 쓰다 되레 내가 상처받았던 적. 곁에 있던 사람이 소중한 인연이란 걸 잊어버리고 함부로 대하다 놓치고 후회한 적. 너무 망설이다 내 마음을 전하지 못하고 관계가 끝나버린 적. 나만 노력한단 것을 알면서도 계속 붙잡고서 놓아주지 않은 적. 날 향한 마음이 변했다는 걸 알면서도 부정하고 또 믿기 싫었던 적. 헤어지고 한 달간은 밤을 새우며 울고 후회했던 적. 상대방의 잘 지낸다는 소식에 다행이란 생각과 배신감이 몰려든 적. 다시는 누군가를 사랑하지 않겠다는 다짐이 또다시 무너지고 사랑에 빠진 적.

항상 소중히 아껴주세요

 당신에겐 그저 당연하고 익숙한 사람일지 모르겠지만 그 사람도 누군가에겐 자꾸 보고 싶은 사람이자 품에 안고 싶은 사람이고, 자신의 모든 것을 바쳐서라도 얻고 싶은 소중한 사람입니다. 서로 함께한 시간이 많이 쌓였다면 소홀히가 아니라 소중히 대하는 게 당연한 일입니다.

 지금 조금 편해졌다고 해서 그 사람을 함부로 대하다 놓치는 일은 없었으면. 지금 당장이라도 당신 곁을 떠나 더 좋은 사람에게 사랑받을 수 있는 사람이지만, 그럼에도 당신을 너무나 사랑해서 당신 곁에 머물고 있는 사람이니까.

언젠가 꽃은 피는 것이기에

 오늘도 실수투성이인 하루를 보낸 당신에게 지금도 충분히 괜찮다는 말을 전하고 싶습니다. 이 세상을 살아가는 사람이라면 누구나 실수를 하기 마련입니다.
 허나 실수를 좀 했다고 해서 마냥 우울해하지 마세요. 원래 실수 자체는 가치 있고 소중한 경험이 되는 법이니까. 실수라는 것은 더욱 잘 해내고 싶은 마음에서 비롯된 결과니까. 그만큼 당신은 지금보다 나아가기 위해 발버둥치다 잠시 넘어진 것뿐이니까.
 너무 염려하며 하루 종일 불안해하지 마세요. 당신이 지금 잘하고 있냐고요? 네! 그럼요. 당연한 것을 어째서 묻습니까. 충분히 잘하고 있습니다. 그리고 사람들에게서 오늘도 상처투성이인 마음을 지켜내느라 정말 마음고생이 많았겠습니다.

본인이 자주 상처를 받고 아파한다고 해서 스스로를 나약한 사람이라고 자책할 필요도 없습니다. 세상에 무너지지 않는 사람은 없으니까. 상처의 무게가 작든, 크든, 상처의 깊이가 깊든, 얕든, 누구나 아파하고 무너지기 마련입니다. 그러니까 스스로를 너무 미워하진 말아주세요. 그리고 앞으로는 좋은 생각만 했으면 좋겠습니다. 모든 일들이 잘 풀릴 수 있도록 말이에요.

당신은 참 예쁜 꽃입니다. 꽃이 시들어가는 겨울이 있듯이 화려하게 피는 봄의 계절 또한 있습니다. 당신은 세상에서 가장 예쁜 꽃이니까. 너무 자존감을 떨어트리며 불안해하지 마세요.

이 책이 봄이 되었으면 좋겠습니다. 당신이라는 아름다운 꽃을 피워낼 수 있는 따스한 봄이 되었으면 말이에요. 읽어주셔서 감사합니다. 다음에, 다시 올게요.

온 세상을

너로 꽃피울게 될

그날을 기다리며

온 세상을 너로 꽃피우게 될 그날을 기다리며
모두 다 잘될 거라고 장담할 수는 없겠지만

초판 1쇄 인쇄 2020년 6월 22일
초판 1쇄 발행 2020년 6월 29일

지은이 | 장예은(이지수)

발행인 | 이은화
기획편집 | 이은화
디자인 | 정나영
마케팅 | 이애희
발행처 | 피어오름

주소 서울시 성북구 정릉로12길 26
전화 02-942-5376
팩스 02-6008-9194
전자우편 piuoreumbooks@naver.com
홈페이지 www.piuoreum.com

ISBN 979-11-964641-5-8

이 책의 판권은 지은이와 피어오름에 있습니다.
이 책 내용의 전부 또는 일부를 이용하려면 반드시 피어오름의 동의를 받아야 합니다.
잘못 인쇄된 책은 서점에서 바꾸어 드립니다.

이 도서의 국립중앙도서관 출판예정도서목록(CIP)은 서지정보유통지원시스템 홈페이지(http://seoji.nl.go.kr)와 국가자료종합목록 구축시스템(http://kolis-net.nl.go.kr)에서 이용하실 수 있습니다. (CIP제어번호 : CIP2020021611)